MW01320593

El código de la personalidad

El código de la personalidad

La clave para entender el comportamiento de quienes lo rodean y para entenderse usted mismo

TRAVIS BRADBERRY

Coautor de *Las claves de la inteligencia emocional*

Traducción de
Kitty Montaña

Bogotá, Barcelona, Buenos Aires, Caracas, Guatemala,
Lima, México, Panamá, Quito, San José,
San Juan, Santiago de Chile, Santo Domingo

Bradberry, Travis
El código de la personalidad / Travis Bradberry ; traductor Kitty Montaña. -- Bogotá : Grupo Editorial Norma, 2008.
200 p. : il. ; 21 cm.
Incluye bibliografía e índice.
Título original : The Personality Code : Unlock the Secret to Understanding your Boss, your Colleagues, your Friends ... and Yourself.
ISBN 978-958-45-1576-6
1. Personalidad 2. Personalidad - Aspectos psicológicos 3. Autorrealización (Psicología) 4. Inteligencia emocional I. Montaña, Kitty, tr. II. Tít.
155.2 cd 21 ed.
A1191017

CEP-Banco de la República-Biblioteca Luis Ángel Arango

Título original:
The Personality Code
Unlock the Secret to Understanding your Boss, Your Colleagues, Your Friends and Yourself
Una publicación de Penguin Group

Av. El Dorado No. 90-10, Bogotá, Colombia
www.librerianorma.com

Impreso por Cargraphics S.A.
Impreso en Colombia - Printed in Colombia
Septiembre de 2009

Cubierta, José Alejandro Amaya
Diagramación, Nohora E. Betancourt Vargas

Este libro se compuso en caracteres Adobe Caslon Pro

ISBN 978-958-45-1576-6

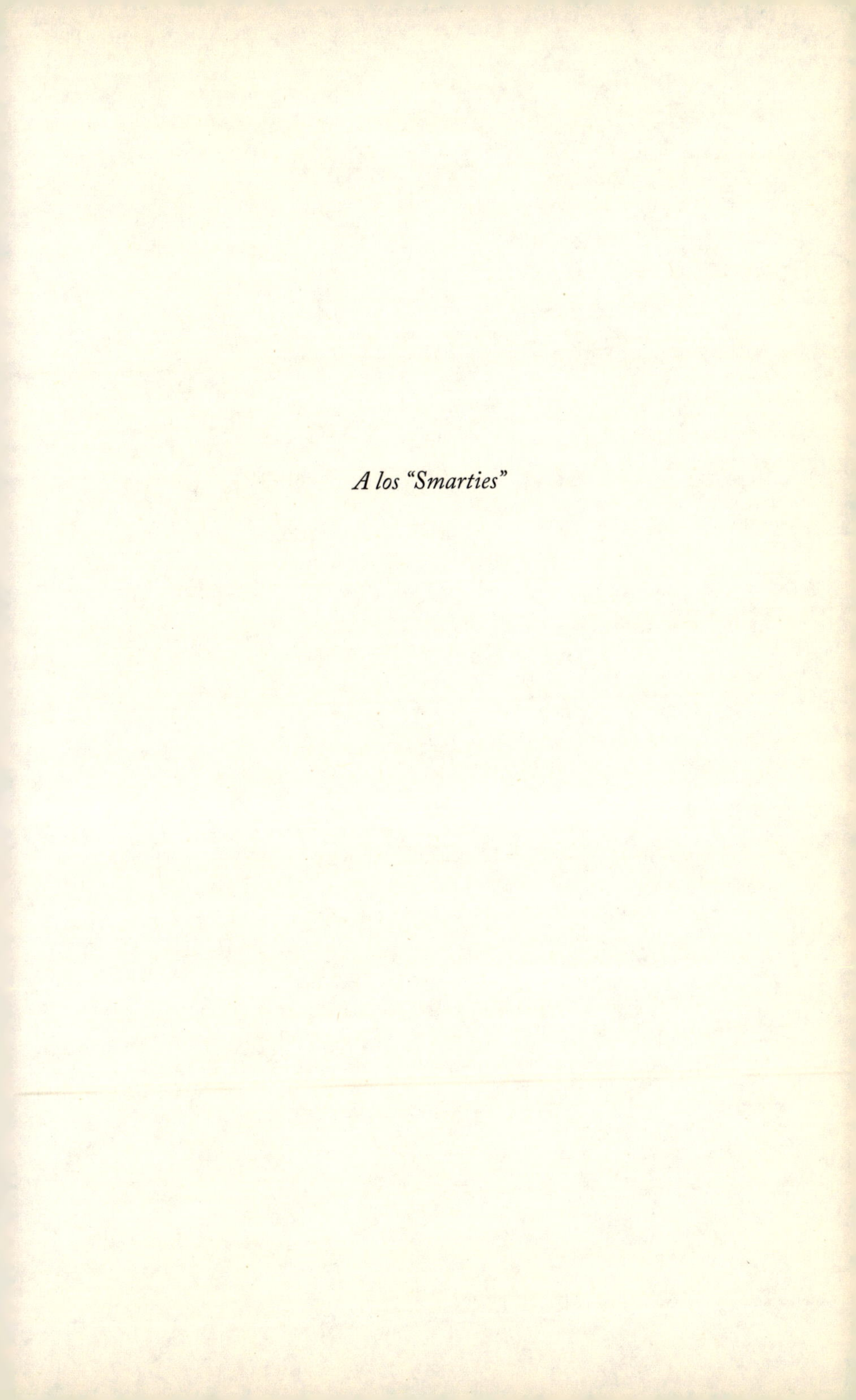

A los "Smarties"

Contenido

Introducción: Separados al nacer

A finales de noviembre de 1958, una pareja de gemelos idénticos recién nacidos fueron enviados a un orfanato ubicado en la isla más meridional de Japón. La madre de los niños, soltera y abandonada por el padre de los pequeños, se había suicidado en el momento de su nacimiento. No pudo soportar la terrible vergüenza que sufren las mujeres que deben criar solas a sus hijos en su país. Unos meses después, los gemelos fueron descubiertos por un sargento de la fuerza aérea estadounidense llamado Claude Patterson, quien estaba emplazado en Japón. Claude y su esposa tenían la esperanza de adoptar un niño que pudieran llevar consigo de regreso a Estados Unidos. Los Patterson se enamoraron de ambos niños y solicitaron la adopción de la pareja. Desgraciadamente, el orfanato sólo les ofreció a uno de ellos con el argumento de que el hermano mayor ya había sido solicitado. Forzados por la decisión de separar a los gemelos o de buscar en otro lugar, los Patterson decidieron adoptar al hermano menor. Lo criaron en el área rural de Kansas y le dieron un nombre occidental: Tom. El gemelo mayor también fue adoptado por una pareja estadounidense, que lo crió en New Jersey y le dio el nombre de Steve. Durante los cuarenta años siguientes, Tom y Steve tuvieron vidas separadas sin que ninguno de los dos supiera que su gemelo idéntico estaba a tan solo seis estados de distancia.

Al crecer, ambos niños supieron que eran la mitad de una pareja idéntica pero ninguna de las familias sabía nada sobre el paradero del otro gemelo. Durante gran parte de sus vidas, los intentos de los dos gemelos por localizarse mutuamente fueron inútiles, ya que el orfanato en Japón fue destruido por un incendio poco después de que ambos salieron del país. Sus caminos finalmente se cruzaron el último día de junio de 1999. A comienzos de ese año, Steve descubrió, mediante una búsqueda en Internet de algunas bases de datos de adopción de conocimiento público, que su hermano gemelo había sido adoptado en 1958 por alguien cuyo nombre era Claude y cuyo apellido era Patterson, Peterson o Paulson. Steve envió un mensaje por correo electrónico a todas las personas de la base de datos que coincidían con esta descripción, sin tener suerte. Entonces envió cientos de cartas –una a cada Claude Patterson, Peterson y Paulson del cual tuviera una dirección– pidiendo información sobre un gemelo adoptado al sur de Japón en 1958. Una de esas cartas terminó en manos del sargento retirado de la fuerza aérea Claude Patterson, quien todavía vivía en el área rural de Kansas, a corta distancia en auto de la casa de su hijo, Tom. Cuando Claude leyó la carta escrita a mano, casi no lo podía creer. ¿De verdad sería el mismo niño que tuvo que dejar abandonado en el orfanato hacía más de cuarenta años? Tenía que averiguarlo. Se dirigió rápidamente a casa de su hijo y juntos llamaron al teléfono que aparecía en la carta. En menos de una semana, Tom y Steve estaban frente a frente en el Terminal D del aeropuerto de Filadelfia.

Cuando se tuvieron frente a frente el uno al otro por primera vez ese día, los dos hombres, ambos de camiseta roja, se detuvieron un momento para observarse mutuamente. Ver frente a ellos el retrato de su propia imagen era casi más de lo que ambos gigantones podían soportar. "No podía creer que mi hermano fuera exactamente igual a mí", recuerda Steve, "pero cuando lo vi, quedé asombrado. Estaba totalmente anonadado. Incluso al mirarme los dientes, veo que ambos tenemos una separación exactamente en el mismo lugar. Es... es sorprendente lo mucho que se parece a mí. Es como mirarme en un espejo".

Los gemelos pasaron juntos los siguientes cuatro días, tratando desesperadamente de ponerse al día tras cuarenta años de separación. No tardaron en descubrir que tenían mucho más en común que su apariencia. Ambos tenían la misma actitud inquieta frente a la conversación: la cabeza inclinada hacia la izquierda, la parte superior del cuerpo rígida y las piernas rebotando en respuesta a cada palabra que decían. A pesar de haber sido criados en ambientes distintos –Tom en un hogar cristiano en un pequeño pueblo de Kansas y Steve en un ambiente budista en un distrito metropolitano de New Jersey– sus vidas habían tomado rumbos claramente similares. Ambos se habían casado con mujeres caucásicas, tenían dos hijos y le habían dado a su primogénito un nombre japonés y a su segundo hijo un nombre occidental. Descubrieron similitudes inusuales en todo, desde la velocidad a la que hablaban hasta la manera de organizar el cajón de las medias. Estas similitudes son convincentes y, sin embargo, es tentador descartarlas y considerarlas simplemente coincidencias curiosas. Cuando la conversación giró hacia el tema de sus carreras, Tom y Steve supieron que había algo más detrás de todo esto. Como muchos otros muchachos durante la adolescencia, ambos eran fanáticos de los deportes.

Aunque cada uno estuvo expuesto a cientos de deportes, el fisiculturismo llamó tanto su atención que los llevó a optar por una profesión idéntica –ambos eran propietarios y administradores de un gimnasio en los pueblos donde vivían. ¿Pero por qué decidieron tener un gimnasio como carrera? Ambos se deleitaban en la virtud de tener un buen estado físico y tenían la disciplina necesaria para mantener un físico envidiable. Más importante aún, les atraía la posibilidad de ayudar a otros a hacer lo mismo.

La vida está llena de opciones. Hay un número infinito de coyunturas que pueden llevar a dos personas –incluso gemelos genéticamente idénticos– por caminos distintos. Tom y Steve no trataron de ser iguales; ni siquiera fueron criados en hogares similares. Entonces, ¿qué fue lo que los mantuvo orientados en la misma dirección? Los gemelos comparten una personalidad idéntica. Ese elemento enigmático y único de la mente es tan esencial en lo que somos que llevó a dos hombres a levantarse una mañana de la cama teniendo las mismas motivaciones, a cultivar los mismos intereses, a escoger una profesión idéntica y, en últimas, a aterrizar en el mismo lugar en la vida.

El código de la personalidad es un libro que explora el rol vital que tiene la personalidad en la persona que somos hoy y en aquella en la nos convertimos mañana.

El estudio TalentSmart

La motivación para escribir este libro surgió hace más de una década, en forma de una pregunta desconcertante que se debatía en un grupo de sicólogos industriales: "¿Existe una característica universal que haga exitosa a la gente?".

Sin ninguna respuesta a la vista, este acertijo nos produjo curiosidad y decidimos hacer un estudio para descifrarlo. Organizamos un equipo de programadores, administradores, sicólogos y expertos en estadística, para llevar a cabo una búsqueda global de la fuente universal del talento. Bajo un nombre bastante acertado, el campo de acción de TalentSmart sobrepasaba los límites de cualquier hipótesis o noción preconcebida sobre qué es lo que produce éxito, pues cualquier teoría subyacente sólo lograría enredar el asunto. El estudio fue muy general y midió el rango de las habilidades, motivaciones y opiniones de la gente. Observamos su comportamiento en el trabajo y en la casa. Tal vez más importante aún, observamos por qué camino optaba la gente ante varias alternativas y medimos los resultados posteriores. El factor determinante del éxito, si existiera, sólo se podría hallar separando las acciones que generan resultados de aquellas que no tienen consecuencias o que son incluso perjudiciales.

El estudio TalentSmart creció rápidamente y para el momento en que concluyó habíamos analizado el perfil de miles de personas de todos los continentes habitados. Esta enorme base de datos contiene millones de entradas de información que representan un aporte de más de 500 000 personas de 94 países (ver en el Anexo B detalles de la muestra del estudio). Los descubrimientos resultantes de este esfuerzo son la esencia de *El código de la personalidad.* Y sí, la respuesta a nuestro interrogante finalmente apareció, no sin antes haber dado con dos revelaciones evidentes sobre lo que la gente ha escuchado durante toda su vida sobre qué los llevará al éxito: 1) la personalidad orienta la vida y 2) cuanto más consciente sea usted de sí mismo, mejor podrá usar su personalidad para desarrollar todo su potencial.

El carácter determina el destino

En nuestros hogares, escuelas y sitios de trabajo se nos motiva a ser exigentes con nosotros mismos y a ser las personas que queremos ser. El éxito, se nos dice, es cuestión de elección. ¡Qué error tan grande en un consejo que, paradójicamente, es bien intencionado! En realidad tenemos muy poco que decir en este asunto. Nuestra personalidad es como una enorme roca que se lanza desde la cima de una montaña; es un conjunto de características de comportamiento que todos poseemos en diferentes grados, y que pone en marcha nuestro destino. Al igual que la tendencia a la introversión o a la extroversión, estas características influyen en la manera como pensamos, como sentimos y, en últimas, en lo que hacemos. Cada uno de nosotros tiene un perfil que refleja una combinación única de características de la personalidad y que se produce gracias a los circuitos integrados de pensamiento que hay en el cerebro. Para cuando llegamos a la edad adulta, estos circuitos están definidos. Actúan como conductos mediante los cuales nuestro cerebro piensa; son embudos mentales a través de los cuales fluyen nuestras elecciones. La personalidad es un conjunto de motivaciones, necesidades y preferencias que funciona como el plan de acción de nuestras fortalezas y debilidades; es el "código" de cada individuo, por así decirlo.

Steve Tazumi y Tom Patterson no decidieron tomar caminos idénticos en la vida; simplemente hicieron lo que les dictaba su corazón. Estos hombres se dedicaron a realizar las actividades que mantenían vivo su interés, disfrutaron las oportunidades en las que podían usar bien sus talentos y se enamoraron de alguien que los hacía sentirse plenos. Antes de conocerse, cada uno se consideraba el dueño de su propio destino. Por eso era absolutamente desconcertante que a la edad de cuarenta años cada uno encontrara su clon viviendo exactamente la misma vida a seis estados de distancia. Las vidas paralelas de Steve y Tom estaban determinadas por personalidades coincidentes, lo cual es una rareza, incluso entre gemelos idénticos. Las características de la personalidad que mide el estudio TalentSmart comprenden más de 123 000 configuraciones únicas. Esto significa que es altamente improbable que usted alguna vez se encuentre con alguien que comparta *exactamente* su perfil de personalidad.

El cerebro es el órgano más complejo del cuerpo humano. Hay un sinnúmero de métodos disponibles para evaluar cómo piensan las personas y qué las mueve. En el estudio TalentSmart administramos miles de pruebas para medir toda la variedad de cualidades humanas. Nos sorprendió ver lo mucho que las características de la personalidad influyen lo que la gente dice y hace cada día. El verdadero poder del manejo del comportamiento humano radica en el código de nuestra personalidad –es el único artefacto de la mente tan dominante que constituye la clave para desarrollar una conciencia de sí mismo. El perfil de su personalidad es, en gran medida, lo que usted es; capta la esencia de sus motivaciones y preferencias en la vida. Puesto que su perfil no cambia, alinear sus esfuerzos con él es la única manera en que puede usarlo para su beneficio. La personalidad es la herramienta que puede allanar el camino hacia el éxito o dejar a un individuo inexplicablemente estancado.

El estudio de la personalidad se puede abordar de una manera amplia para obtener resultados signifi-

La personalidad es la esencia del carácter de un individuo, que se revela en patrones predecibles de inclinaciones y comportamientos; es el conjunto de nuestras motivaciones, necesidades y preferencias que –una vez entendidas– proporcionan el esquema de nuestras debilidades y fortalezas.

cativos. No es necesario que usted desperdicie tiempo valioso analizando detalladamente el comportamiento de las personas para que pueda poner en práctica su conocimiento de la personalidad. Mediante una serie extensa de análisis estadísticos, pudimos condensar las 123 000 posibles configuraciones de la personalidad en 14 perfiles únicos. Estos tipos representan las 14 clases de personas que se pueden discernir con base en su personalidad fija. Este libro contiene una contraseña que le permite responder en línea la prueba de personalidad IDISC™ para descubrir su propio tipo. Descubrirá cuál de los 14 perfiles de personalidad es el suyo y cómo puede sacar el mejor provecho de este codificado comportamiento humano.

Si ignoramos nuestra personalidad corremos el riesgo de desconocer la dirección que tendrá nuestra vida, con o sin nuestro consentimiento y comprensión.

El conocimiento de sí mismo genera éxito

Si la personalidad está determinada, ¿cuál es la gracia de conocerla? Para ser sincero, en esta pregunta nos dio vueltas en la cabeza durante un buen tiempo. La personalidad no era el factor de predicción de éxito que el estudio estaba buscando. A decir verdad, ella determina la esencia de nuestro comportamiento, pero encontramos que la gente exitosa puede ser de cualquiera de los catorce tipos por igual. Las personas de más alto desempeño pueden no compartir el mismo perfil de personalidad, pero tienen algo especial en común: un sentido agudo del conocimiento de sí mismos. Tener conciencia de sí mismo no consiste en descubrir secretos profundos y oscuros o motivaciones inconscientes; se trata más bien de desarrollar una comprensión directa y sincera de lo que nos mueve. Las personas que tienen un profundo conocimiento de sí mismas entienden de manera notoriamente clara qué son capaces de hacer bien, qué las motiva y las satisface y qué personas y situaciones deben evitar. En la medida en que al autoconocimiento aumenta, la satisfacción de la gente con su vida –definida como la habilidad para lograr metas en el trabajo y en el hogar– se dispara. En el contexto laboral, el 83% de quienes tienen una fuerte conciencia de sí mismos son personas con un alto desempeño. Igualmente, sólo el 2% de las personas que tienen un desempeño bajo tienen conciencia de sí mismas. ¿Por qué sucede esto? Quienes entienden sus preferencias y tendencias son más propensos a buscar las oportunidades correctas, a poner en práctica sus fortalezas y a obtener resultados. Cuando conocemos los pormenores de nuestro estilo arraigado para responder a los desafíos y las oportunidades, descubrimos las situaciones y personas que nos hacen exitosos.

La necesidad de autoconocerse nunca ha sido más grande. Guiados por la concepción errada de que la psicología trata exclusivamente de patologías, asumimos que el único momento para conocernos es cuando afrontamos una crisis. Aceptamos aquello con lo que nos sentimos cómodos y nos ponemos una venda en los ojos en el momento en que algo nos produce incomodidad. Pero realmente es el panorama completo el que nos sirve. Cuanto más entendemos la belleza y la imperfección, más podemos ponerlas a trabajar para desarrollar nuestro potencial. Independientemente de su nivel actual de autoconocimiento, usted puede mejorar esta habilidad crucial estudiando su perfil en detalle; él es el plano de su comportamiento.

La travesía hacia su personalidad

El código de la personalidad es una invitación a explorar el trabajo interno de su mente; pero no hay ninguna exploración de la personalidad que esté completa sin una medición objetiva de su propio perfil. A diferencia de los participantes en el estudio TalentSmart, usted no tendrá que someterse a horas enteras de pruebas para conocerse más. Los años que TalentSmart invirtió en el procesamiento de datos numéricos a través de una base de datos mundial ha producido el IDISC, un test en línea que revela su perfil de personalidad en tan solo 15 minutos. En el Capítulo 3 aprenderá cómo tomar la prueba IDISC, que comparará sus respuestas contra las 123 000 posibles configuraciones para dar con su código de personalidad. Sus respuestas revelan cuál de los 14 tipos de personalidad lo describen mejor, además del significado de las variaciones únicas que se observan en su perfil de personalidad. Someterse a la prueba para descubrir su perfil le permitirá entender más profundamente sus motivaciones y preferencias, y los tipos de personas con las cuales usted tendrá más sinergia a nivel personal y profesional. Algunos aspectos de su personalidad le sorprenderán y otros le confirmarán cosas que usted ya sabía sobre sí mismo. Puesto que el desempeño óptimo tiene que ver más con una perspectiva que con un esfuerzo, una medición objetiva de su personalidad es el primer paso indispensable para desarrollar la conciencia de sí mismo que usted necesita para lograr lo mejor de sí.

A veces el reto más grande no es entenderse a sí mismo sino entender a las personas que lo rodean. Mucho de *El código de la personalidad* tiene que ver con descifrar a la gente mediante estrategias que usted puede emplear en el trabajo y en el hogar. El Capítulo 4 presenta cada uno de los 14 tipos de personas en un formato de fácil referencia. Usted entenderá de manera práctica las características, fortalezas y retos que definen a cada tipo de persona. En los capítulos posteriores, aprenderá a identificar rápidamente a las personas y a interactuar con ellas con base en su personalidad. Las historias ayudan a ilustrar cómo la personalidad tiene un impacto profundo en la vida de los seres humanos y cómo entender esa personalidad lo ayuda a darle buen uso. Usted no puede cambiar su perfil de personalidad ni el de las personas que lo rodean, pero si entiende positivamente la personalidad de cada cual puede crear relaciones personales y profesionales más satisfactorias.

Nuestra travesía comienza en la frontera entre la psicología y la neurociencia, un espacio que nos brinda nueva información sobre la estructura física de la personalidad dentro del cerebro y, lo más importante, su papel fundamental en la determinación de lo que hacemos y decimos todos los días. Estos avances iluminan la verdadera esencia del comportamiento humano.

Para saber lo que ocurrió tras bambalinas en el estudio TalentSmart y conocer algunos detalles de cómo se analizaron los datos, vea el Anexo B.

1. Anatomía de la personalidad

Cuando James levantó el hacha hacia atrás por encima de la cabeza, los músculos de sus brazos parecían de caucho. Puso firmes los hombros para compensar su debilidad y continuó extendiendo los brazos hacia atrás hasta que el mango del hacha estuvo totalmente perpendicular a su cuerpo inclinado hacia delante. Echó rápidamente un vistazo hacia atrás y en ese momento un rayo de luz solar se reflejó sobre la cuchilla reluciente y luego sobre sus anteojos, causándole molestia.

"Mejor hagámonos en la sombra", dijo James, con los ojos entrecerrados mientras limpiaba rápidamente sus lentes con la camisa.

Rick se agachó y puso sus brazos alrededor del tronco de cortar. Al incorporarse, echó los hombros hacia atrás tratando de soportar el peso del tronco con su débil esqueleto. Luego apoyó la barbilla sobre el tronco buscando mantener el equilibrio mientras caminaba balanceándose como un pato a través del jardín. James observaba a su mejor amigo caminando con la cabeza apoyada sobre el tajo y recordó las ejecuciones medievales que acababa de leer en clase de historia. Sintió un escalofrío.

Corría el año de 1968, en pleno llamamiento de filas para la guerra de Vietnam, y el número de Rick había salido favorecido. Una vez ubicados debajo del toldo de la casa de una sola planta de los padres de Rick, James levantó de nuevo el hacha por encima de su cabeza. El hacha se clavó en el tronco con el mismo ruido sordo que producía cuando James cortaba trozos de madera para su padre. Rick retiró la mano tras el impacto, mirando en una fracción de segundo que le faltaba el pulgar. La sangre brotaba del pequeño muñón con tanta fuerza que lo hizo entrar en pánico. Metió la mano en la pila de toallas dispuestas para tal propósito y presionó su muñeca con la otra mano para reducir el flujo de sangre.

James estaba sorprendido de ver cuán oscura era la sangre. No se parecía en nada a lo que salía de sus heridas cuando jugaba fútbol. Esos pensamientos lo hicieron sentirse mareado y entonces cogió la manguera para ayudar a limpiar a su amigo. Dobló la manguera para aumentar la presión y apuntó hacia el tronco con un fuerte chorro de agua que arrojó el pulgar por los aires. El dedo de Rick saltó por encima del pavimento y fue a parar contra la cerca. A Rick no le importó el rudo tratamiento de su pequeño apéndice, pues no llamaban a filas para luchar en las selvas húmedas de Vietnam a quienes les faltara un pulgar. El vecindario ya había perdido a tres de sus muchachos ese verano y Rick decidió que perder el pulgar era la única manera en que podía –con certeza– ahorrarles a sus padres el dolor de planear su funeral. Recogió su pulgar y se lo echó al bolsillo como lo hubiera hecho con las llaves del carro o un paquete de goma de mascar. No había necesidad de poner el apéndice en hielo. No quería que ningún doctor se lo cosiera y le arruinara el plan. Los muchachos enterraron el pulgar en una maceta y corrieron calle abajo buscando a los padres de Rick para contarles el "accidente".

La historia de James conduce a una pregunta: ¿qué haría yo si estuviera en su lugar? Si bien es cierto que en la vida tratamos de sopesar los hechos y escoger un camino con base en la mejor conclusión que las circunstancias nos permiten sacar, nuestras acciones están determinadas por las motivaciones de nuestra personalidad. James fue capaz de cortarle el dedo pulgar a su amigo Rick con un hacha porque puso las necesidades de su amigo por encima de las suyas. "Estaba conmocionado con todo esto", recuerda. "Nunca he sido muy valiente. Ni siquiera puedo ver esos programas de salas de urgencias del Discovery Channel que tanto le gustan a mi esposa. No sé de dónde saqué el valor para hacer lo que hice. Sólo sé que hubiera hecho cualquier cosa para ayudar a Rick. Ese tipo era como un hermano para mí". Es importante darse cuenta de que James en realidad no tenía muchas opciones. Aunque era tan solo un muchacho en esa época, ya tenía una habilidad especial para entender las necesidades de los demás, combinada con un fuerte deseo de poner esas necesidades por encima de las suyas. Cuando Rick se acercó a hacerle esa propuesta tan inusual, James ya sabía lo que quería hacer: prefería que su amigo pasara por dos meses de dolor a que corriera el riesgo de dejar de sentir definitivamente. Para James es natural que la gente siempre esté primero; es un componente innato de su carácter. Ya sea ayudando a un amigo a cambiar de casa, llevando a su hijo al parque después del colegio a practicar lanzamientos, o iniciando un programa de acompañamiento en su empresa, James se llena de vida en aquellas situaciones que le exigen ayudar a los demás. Estas son las circunstancias en las que él se siente satisfecho de hacer lo que le dicta su corazón.

James ya rondaba los cincuenta cuando se dio cuenta de que estas tendencias de toda la vida eran producto de su personalidad. Ahora cuenta con un nuevo conocimiento que le permite usar concientemente su personalidad para su propio beneficio. Por suerte, la mayoría de nosotros no tendremos que esperar tanto tiempo para hacer lo mismo.

El estudio de Baltimore

En el otoño de 1958 se empezaron a presentar voluntarios en el hospital de la ciudad del Baltimore. Impulsados por una comunicación verbal en cadena que se estaba difundiendo por todo el país, venían a ver al doctor Nathan Shock, un investigador enjuto y calvo cuyo ambicioso plan incluía el seguimiento de estas personas por el resto de su vida para monitorear los cambios físicos y mentales que sufrían durante el curso normal de su envejecimiento. En una reducida habitación del hospital, llena de instrumentos, el doctor Shock y su equipo sometían a cada participante, durante tres intensos días, a más de cien pruebas físicas y psicológicas. El equipo investigativo le pedía a cada participante que regresara a Baltimore cada tercer año para repetir una serie idéntica de pruebas. Este régimen de pruebas apuntaba a una serie de características susceptibles de cambiar con el paso de los años. Si un número suficiente de personas entraba a participar en el estudio y permanecía en él, los datos arrojarían tendencias que podrían iluminar los cambios que cualquier persona podría esperar en el transcurso de su vida. Para sorpresa de todos, los participantes siguieron yendo a Baltimore. Mejor aún, la mayoría de ellos traían uno o dos nuevos participantes en cada visita. Cuatro años después de su inicio, el bien llamado *Baltimore Longitudinal Study of*

Aging o BLSA (estudio longitudinal del envejecimiento de Baltimore) había traspasado los 3800 m^2 de espacio disponible en el hospital de la ciudad. El enorme potencial del estudio captó la atención del Congreso, que destinó 7,5 millones de dólares para construir una sede de investigación permanente en un terreno de cinco acres donado por la alcaldía de la ciudad. Uno de los participantes, Fred Litwin, se unió al estudio en 1962, y, ya septuagenario, todavía se presenta para las pruebas cada 24 meses. Además trae consigo a su esposa, Evelyne. Los Litwin son tan solo una pareja de las más de 2500 personas, entre los 20 y los 97 años, a las que el BLSA les ha hecho seguimiento desde 1958, aunque Fred tiene la distinción de ser el participante más antiguo. Cuando habla, la chispa que hay en sus ojos revela un entusiasmo oculto detrás de las arrugas de su piel: "Creo que sería sorprendente si descubren cómo funciona el proceso de envejecimiento. Tiendo a pensar demasiado en cosas que no entiendo del todo... si esas cosas pueden producir menos temor, ser menos estresantes y más predecibles... creo que eso sería maravilloso".

Fred es el dueño de un almacén de muebles en el centro de Washington, D. C. El ascensor de su edificio, instalado en la década de 1850, es el más antiguo que todavía funciona en Estados Unidos. Fred, al igual que el ascensor, es un pilar de longevidad. Al regresar a Baltimore cada dos años durante las últimas cuatro décadas, él y los demás participantes del BLSA han abierto una ventana fascinante a los secretos del cuerpo y la mente. El estudio ha generado más de mil publicaciones en las que se detallan los cambios físicos y sicológicos que ocurren con la edad. Debemos mucho de lo que hoy conocemos sobre la diabetes, el endurecimiento de las arterias, la obesidad, el mal de Alzheimer, la inteligencia y la personalidad a las observaciones hechas por los investigadores de Baltimore. Bien sea que los cambios hayan ocurrido en el cuerpo, la mente o los órganos internos, el BLSA tiene indicadores que pueden servir como evidencia. Algunos de estos cambios son alentadores –como que nuestro vocabulario aumenta a la edad de ochenta años–, mientras que otros –el cuerpo quema 120 calorías menos por día a la edad de cuarenta– indican el deterioro físico inevitable. Incluso un pequeño cambio difícilmente perceptible en un solo individuo –el engrosamiento de las paredes del corazón en personas con presión arterial normal– se convierte en una herramienta importante para inducir un mejor cuidado de la salud cuando dicho cambio se observa en un amplio grupo de personas.

Es irónico, pero uno de los descubrimientos más evidentes del BLSA tiene que ver con una cualidad que no cambia en absoluto con la edad: la personalidad. Cuando el Dr. Shock y su equipo diseñaron el estudio en la década de 1950, se sabía bien que la personalidad es el ingrediente esencial que explica por qué la gente hace lo que hace. Los investigadores suponían, al igual que los sicólogos más prestigiosos del momento, que los rasgos de la personalidad eran oscilantes, variables de acuerdo a las circunstancias cambiantes que nos presenta la vida. Estaban convencidos de poder medir y registrar los rasgos de la personalidad porque querían arrojar alguna luz sobre cuáles eventos de la vida podían disparar un cambio en el componente psicológico de las personas. Si hechos significativos como tener hijos, llegar a la mitad de la vida o jubilarse cambiaban efectivamente la personalidad de un individuo, la misión del BLSA era mostrarle a la gente qué esperar. Sin embargo, después de veinte años de estudio, no había un solo dato que sustentara esta hipótesis. El doctor Paul Costa, Director del Laboratorio de Personalidad y Cognición para el BLSA, explica: "La evidencia muestra que después de los 30 años aproximadamente la personalidad se estabiliza; la edad por sí misma no genera ningún cambio. La personalidad tiene una fuerte influencia durante toda la vida en términos de las elecciones que hace una persona en cuanto a su carrera, su matrimonio, su vocación y sus intereses". El doctor Costa agrega: "Las personas mantienen básicamente las mismas disposiciones pero estas características permanentes los llevan a tener vidas particulares y siempre cambiantes". Aunque reconoce que los impuestos que el pueblo estadounidense paga hacen posible el BLSA, el doctor Costa ha emprendido una especie de cruzada para hacer que este conocimiento sea de dominio público. Es una tarea faraónica mostrarle al mundo que todo lo que creemos saber ha sido revaluado. Y si hay una cosa que la ciencia del cerebro ha tratado de mostrarnos a través de los descubrimientos de la última década es que nuestro carácter es en realidad nuestro destino.

Tragedia en Ozarks

En 1984, Terry Wallis era un muchacho escuálido de 19 años a quien le encantaba arreglar carros y contar chistes. Una noche de julio, Terry iba conduciendo su camioneta para llevar a casa a un par de amigos; iban bajando por una carretera que descendía por la montaña cuando de repente perdió el control del auto. La camioneta salió dando botes por encima de la baranda de contención y rodó más de 60 metros hasta quedar volcada sobre el techo, en el lecho de un río seco. Uno de sus compañeros falleció, el otro salió ileso y Terry quedó en estado de conciencia mínima con el cuerpo paralizado desde el cuello hacia abajo. Meses después del accidente, los médicos habían perdido toda esperanza de recuperación. Terry podía respirar por sí solo pero era incapaz de comunicarse, salvo mediante un gruñido ocasional o un movimiento de la cabeza. Permaneció así durante los siguientes 19 años, atrapado en un estado que su padre, Jerry, describía como "estar ahí, pero en otra parte".

Y entonces, el 11 de junio de 2003, Terry puso de rodillas a su madre. Ella lo saludó esa mañana de la misma manera que lo había hecho todos los días durante los últimos 19 años: "¿Quién llegó? ¿Quién vino a visitarte hoy?". Pero esta vez, Terry respondió.

Su madre sintió que el mundo se le venía encima al ver que de los labios de su hijo salía una respuesta breve, gutural: "Mamá", dijo, y luego le pidió una Pepsi.

Para esa tarde, Terry ya estaba discutiendo los méritos de Pepsi frente a Coca-Cola con sus doctores, quienes estaban cautelosamente optimistas. Le explicaron a la familia que recuperaciones tan tardías eran increíblemente raras, por un lado, y estaban llenas de dificultad, por el otro. Los doctores le contaron a la familia algunos casos como el del oficial de la policía de Tennessee, quien salió de un coma después de ocho años, y pasó un día haciendo bromas y contando la historia de sus viajes anuales de campamento de invierno, sólo para regresar a un silencio permanente 16 horas después. Pero cuanto más tiempo pasaba, más demostraba Terry estar por encima de las estadísticas. Las palabras eran remplazadas por frases e incluso empezó a mover sus extremidades antes paralizadas. Sorprendía a todo el mundo recordando espontáneamente el número de su afiliación al seguro social e insistiendo en que todavía tenía diecinueve años. Terry no tenía memoria de los años que habían pasado desde el accidente, pero recordaba con claridad su vida antes de la tragedia. Costó un poco de trabajo convencerlo de que habían pasado casi veinte años; tercamente trataba de convencer a su padre de que Ronald Reagan era todavía presidente. Pero Terry finalmente accedió a las explicaciones que le daba su familia; sólo le tomó un tiempo aceptar que era una cápsula de tiempo humana.

Los neurólogos estiman que la probabilidad de recuperación de Terry es de tan solo 1 en 300 millones de casos, lo que lleva a preguntarse qué hizo posible su recuperación. Reconociendo que tal vez nunca verían de nuevo un paciente como Terry, un grupo de investigadores de la Facultad de Medicina de la Universidad de Cornell –dotados con la última tecnología de imágenes cerebrales– decidieron echar un vistazo a su cabeza para averiguarlo. Utilizando un nuevo método de diagnóstico por resonancia magnética llamado DTI (sigla en inglés de *Diffusion Tensor Imaging*), descubrieron que el daño cerebral era grave; se veía igual al de los pacientes que todavía estaban atrapados en un estado de semiinconsciencia. Pero también observaron algo bastante inusual: algunas células en el interior y alrededor del cerebelo se habían ramificado para establecer nuevas conexiones con el resto del cerebro. El cerebelo es el centro de comunicaciones del cerebro. Esta masa de tejido del tamaño del puño de la mano representa tan solo el 10% del volumen total del cerebro y, sin embargo, contiene más neuronas que el resto del cerebro. El cerebelo garantiza que la totalidad del cerebro funcione de manera coordinada; cuando pierde contacto con otra parte del cerebro, es como si esa área dejara de existir. Durante el tiempo que Terry estuvo en estado de semiinconsciencia, su cerebelo estaba ocupado estableciendo nuevas conexiones para remplazar aquellas que se perdieron en el accidente. Se necesitaron diecinueve años para que esas conexiones alcanzaran una masa suficiente pero, una vez lograda, Terry recobró su capacidad para hablar, reír, amar y seguir viviendo. Su personalidad permaneció dormida durante casi dos décadas y Terry revivió con las mismas motivaciones, preferencias y fortalezas que antes del accidente. Sigue siendo hábil para contar chistes, lento para cambiar su opinión, y sigue estando interesado en el tipo de auto que uno conduce (siempre que no sea un Chevy).

Terry Wallis recobró la conciencia porque nuestros cerebros son de plástico. A primera vista, este parece no ser el término más halagador para el órgano más complejo del cuerpo, pero es una excelente manera de recordar cómo funciona la neuroplasticidad. Al igual que el plástico, las regiones del cerebro están adaptadas para mantener una estructura y una función constantes y coherentes, pero pueden hacer ajustes importantes bajo un tipo de presión determinada. Cada una

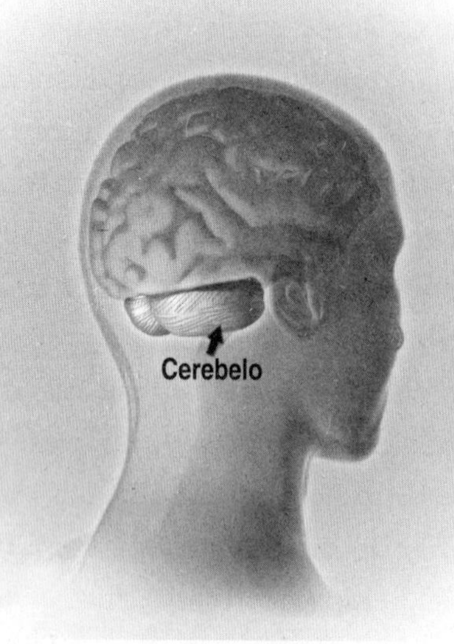

Terry Wallis despertó de un estado semiinconsciente en el que permaneció 19 años gracias a un crecimiento significativo de nuevas células en el cerebelo. Aunque subvalorada durante mucho tiempo debido a su localización en la parte baja del cerebro, los investigadores han descubierto que esta estructura del tamaño del puño de la mano desempeña un papel fundamental como centro de procesamiento de la vasta cantidad de información que viaja por todo el cerebro.

de las cien mil millones de células del cerebro se comunica mediante ramificaciones pequeñas que llegan a otras células. Una sola célula puede desarrollar 15 000 conexiones con sus vecinas y estas conexiones pueden aumentar o disminuir según sea necesario. Cuando un número suficiente de células establecen conexiones conjuntamente, abren caminos completamente nuevos para que la información viaje por el cerebro. Los investigadores que estudian la plasticidad del cerebro han descubierto que algunas áreas son más propensas a crecer que otras. De hecho, algunas áreas del cerebro se oponen tanto al cambio organizado que se consideran "congeladas", es decir, incapaces de construir nuevas rutas que afecten sustancialmente su funcionamiento.

Cuando el BLSA empezó en 1958, los investigadores sólo podían explicar el funcionamiento del cerebro en términos de las cuatro diferentes funciones realizadas por sus cuatro grandes divisiones, conocidas como lóbulos. Hoy en día, podemos señalar el papel de las diferentes regiones del cerebro con mucha más precisión. Por ejemplo, la personalidad se alberga de manera predominante en la corteza orbitofrontal derecha (COD), directamente encima del ojo derecho. Tendemos a no ver cambios en la personalidad en la edad adulta puesto que la COD ha perdido su plasticidad para este momento. La personalidad se moldea como un pedazo de arcilla. Cuando nacemos, carece de forma; la adquiere a medida que avanzamos hacia la edad adulta. Llegar a la edad adulta es el equivalente neural a poner la pieza en el horno: la forma que tiene es la forma en que permanecerá. Este proceso no está solamente determinado por el entorno, ya que nuestros genes tienen una influencia importante en el modelo. Así como las arcillas tienen diferentes texturas –algunas son más aptas para trabajar a mano mientras otras son ideales para tornear–, tenemos predisposiciones genéticas que determinan la manera como se forma nuestra personalidad.

Durante la niñez y la adolescencia, la COD es bastante maleable. Para el momento en que llegamos a la adultez, la plasticidad de la COD se pierde y nuestra personalidad queda impresa en el cerebro. La COD se apodera gradualmente de nuestro pensamiento a medida que se vuelve integrada. Algunas inclinaciones se refuerzan y estabilizan durante esta etapa de desarrollo, mientras que otras se hacen más difíciles de acceder. El cerebelo puede ser el centro de comunicación del cerebro, pero la COD da las órdenes y ejerce el control; el resto del cerebro se vuelve dependiente del plan maestro que está allí escrito. Para ilustrar cómo funciona este proceso, necesito ubicar al lector en un contexto. Se trata de un concurso en el que su oponente es un niño pequeño, de tan solo nueve años. Para el ejercicio, suponga que los dos están en recintos separados y allí cada uno está sentado frente a un monitor. Sobre la mesa que está frente a la pantalla del computador hay un gran botón rojo. En su pantalla, cada uno verá una serie idéntica de unos cincuenta círculos, presentados uno a la vez. Cada círculo tiene un diseño homogéneo o a rayas. Si el círculo que titila en la pantalla es homogéneo, quiero que oprima el botón una vez tan rápido como pueda. Si el círculo es a rayas, no tiene que hacer nada. Yo estaré midiendo su tiempo de reacción ante los círculos homogéneos para ver quién puede oprimir el botón más rápido. ¿Suena fácil? De acuerdo; luego voy a cambiar un poco las cosas. Le voy a mostrar otra serie de círculos, pero esta vez tiene que oprimir el botón cuando el círculo tenga rayas, no cuando sea homogéneo. Un poco más difícil, ¿cierto? ¿Piensa que todavía puede reaccionar más rápido que el niño? Los investigadores del Centro Shriver de Massachusetts, uno de los centros de investigación sobre el cerebro infantil más

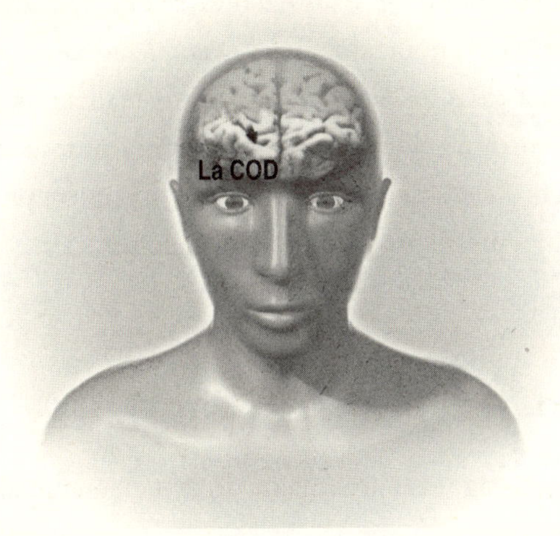

Los últimos avances en la neurociencia señalan la ubicación física de la personalidad en el cerebro, específicamente en la corteza orbitofrontal derecha (COD). Las células de la COD están localizadas exactamente encima del ojo derecho y adquieren forma durante la infancia y la adolescencia. Para cuando llegamos a la adultez, la maleabilidad de las células se pierde y nuestra personalidad queda impresa permanentemente en el cerebro. La COD contiene el plan maestro de nuestro comportamiento que controla la mayor parte de lo que hacemos y decimos a diario.

importantes del mundo, no estaría de acuerdo con usted. El juego que acabo de describir es parte de un estudio que están llevando a cabo sobre la plasticidad del cerebro en el área alrededor de la COD. Cuando las reglas cambian y la tarea es oprimir el botón en el círculo contrario, los niños son mucho más rápidos que los adultos. Su tiempo de reacción es en realidad bastante similar entre las dos pruebas, mientras que el tiempo de reacción del adulto se hace más lento cuando se le pide cambiar. ¿Qué hay detrás de esto? Los investigadores del Centro Shriver escanean el cerebro de los participantes mientras realizan ambas tareas, y han encontrado –sólo en el caso de los adultos– que el segundo ejercicio activa el área que está alrededor de la COD, donde se encuentran almacenados años de comportamiento ya establecido. Eso es lo que hace más lentos a los adultos. Los niños realizan la segunda tarea a la misma velocidad que la primera porque esta área de su cerebro está menos desarrollada; no ocurre mucho allí que los haga más lentos en su tiempo de reacción.

¿Cómo descifrar el código?

El primer testigo documentado de la personalidad fue un médico en una pequeña isla en el extremo sur oriental de Grecia. En el año 440 a. C., este médico librepensador llamado Hipócrates abandonó las prácticas supersticiosas de sus contemporáneos y se dedicó a observar detalladamente a sus pacientes antes de llegar a un diagnóstico. Esto puede no parecer muy innovador de acuerdo con los estándares de hoy en día, pero en un mundo que se apoyaba en la mitología para entender la enfermedad, las prácticas de Hipócrates se desviaban totalmente de la norma. A medida que observaba asiduamente los síntomas y comportamientos de sus pacientes, le impactaba la profunda influencia de la mente sobre el cuerpo y llegó a la conclusión de que "es mucho más importante saber qué persona tiene la enfermedad y no qué enfermedad tiene la persona". Hipócrates estaba ansioso por entender la razón del comportamiento de sus pacientes y llegó a identificar cuatro características distintivas que se manifestaban en distintos grados en todas las personas. A estas características las llamó "humores" y, aunque no podía explicar cómo eran controladas por el cerebro, fue el primero en reconocer lo que conocemos como personalidad. Las teorías de Hipócrates dominaron el campo de la medicina durante casi dos mil años.

Para el momento en que William Marston nació en 1893, la percepción que el mundo tenía de la personalidad tenía mucho por evolucionar. Marston creció en un pueblo pequeño en el área rural de Massachussetts, no muy lejos de un poderoso movimiento que se estaba gestando en Cambridge. Un profesor de Harvard, William James, ponía a una legión de lectores de finales de 1800 y comienzos de 1900 al tanto de la nueva ciencia de la psicología. El muy bien titulado e inmensamente popular libro de James llamado *Los principios de la psicología* hacía una afirmación que dejó en Marston una impresión permanente durante sus estudios en Harvard: "Es bueno para el mundo que en la mayoría de nosotros, a la edad de 30 años, el carácter se haya endurecido como el yeso y nunca más se vuelva blando". Para Marston, esta idea evocaba la noción de disposiciones permanentes del carácter observadas por Hipócrates. Para el momento en que Marston recibió su título de doctor en Psicología de la Universidad de Harvard en 1921, el descubrimiento de la esencia de la personalidad había avanzado sustancialmente.

Sus anchos hombros, su barbilla prominente y sus ojos de mirada aguda y profunda le daban a Marston una apariencia intimidante que lograba ocultar su conducta curiosa y comportamiento afable. Pero Marston no era un intelectual tímido; tenía la extraña capacidad de encontrar soluciones a problemas difíciles estableciendo conexiones entre conceptos aparentemente dispares. Como era de esperarse, su interés por encontrar la verdad acerca de la personalidad comenzó con el estudio de personas mentirosas, y su idea lo llevó a la invención del polígrafo, o detector de mentiras. Marston observó que decir mentiras es una manera infalible de hacer que el cuerpo sienta emoción. Esta emoción puede ser preocupación, vergüenza, entusiasmo o cualquier otra cosa; todo depende de la razón por la cual se diga la mentira. Cuando decimos la verdad, el cuerpo no pasa por la misma montaña rusa emocional. Los buenos mentirosos nos engañan al hacernos creer que están diciendo la verdad ocultando ante nosotros esas emociones. Sin importar lo que estén sintiendo, nos miran a los ojos, hablan tranquilamente y proyectan confianza, como lo haría una persona que está diciendo la verdad. Pero en el interior del cuerpo de cualquier persona que esté diciendo una mentira –ya sea una mentira piadosa o una gran mentira– hay respuestas fisiológicas que acompañan los sentimientos. Estas respuestas incluyen cambios en la presión arterial, en la respiración y en la capacidad de la piel para transmitir electricidad; esas respuestas están presentes en el mentiroso, sea él consciente de ellas o no. Fue la invención de Marston de una simple máquina –el polígrafo– la que mostró los sutiles cambios fisiológicos que inevitablemente se observan cuando una persona miente. Un polígrafo puede delatar al más astuto de los mentirosos, sin importar cuán hábil sea para hacerles creer a los demás que está diciendo la verdad.

Cuando Marston estudió a los mentirosos, en realidad nos estaba estudiando a todos. La mentira es una norma social que usamos para proteger los sentimientos de las personas, evitar conflictos o lograr objetivos. Aunque no nos guste admitirlo, la mayoría de la gente miente de manera regular. A decir verdad, un poco más de la mitad de nosotros considera aceptable la mentira en ciertas situaciones. Sin embargo, cuando los investigadores hacen un seguimiento, descubren que el 97% de nosotros no decimos una mentira de vez en cuando; en promedio ¡decimos una gran mentira por día! Cada vez que uno de los sujetos de estudio de Marston decía una mentira, él dejaba de hacer preguntas. Descubrió que las personas mienten por diferentes razones, pero un mismo individuo usualmente miente por la misma razón. Y es aquí donde Marston vio la conexión: la gente dice mentiras cuando una situación es muy importante para ellos. Para la mayoría de los seres humanos, decir mentiras no es parte importante de su repertorio de comportamientos, pero la razón para mentir sí lo es. Algunos se sentían motivados a hacerlo para ayudar a un amigo, otros para suavizar una conversación difícil, otros para mantener el control de una situación, etcétera. La motivación que tienen las personas para mentir revela algo importante sobre sus propias necesidades. Cuando Marston observó con más atención este principio, notó que las mismas necesidades controlaban mucho de lo que una persona decía y hacía todos los días; las necesidades revelan las tendencias predecibles de la personalidad humana.

El modelo DISC

Al igual que lo hizo Hipócrates en su momento, Marston observó que existen cuatro dimensiones o características únicas de la personalidad. Aunque estos rasgos representan necesidades que son importantes para cualquier ser humano en algún grado, saber cuál predomina en una persona es la clave para comprender su personalidad. Los cuatro rasgos de la personalidad de Marston se conocen con el nombre de Modelo DISC, sigla en inglés que resume las tendencias de una persona a ser dominante, interpersonal, estable o meticulosa.

Las personas que tienen un fuerte rasgo dominante son directas y autoritarias. Piensan de manera independiente, son ambiciosas y resuelven los problemas de una manera rápida y activa. Los dominantes son competitivos y disfrutan los retos aún cuando las probabilidades de vencer estén en su contra. Tienen una fuerte necesidad de logro y tratan de mantener cierto grado de autoridad y control en el entorno en el que viven y trabajan. Para otros, los dominantes son determinados y tercos, lo cual no es sorprendente pues les gusta que las cosas se hagan a su manera.

Las personas con un fuerte rasgo interpersonal son entretenidas y sociables. Les gusta participar en grupos y confían en sus habilidades sociales como medio primordial para hacer las cosas. Son bastante extrovertidos y son considerados por los demás como amistosos y sociables. Tienen la necesidad constante de conocer y hablar con otras personas y pueden incluso tratar de juntarse con personas menos sociables. Generalmente se considera que los interpersonales son emocionales porque expresan con facilidad sus sentimientos, y en general se sienten más cómodos que otras personas con las emociones.

Las personas con un fuerte rasgo estable son persistentes y pacientes. Tienen un enfoque mesurado y estable de la vida y no gustan de las sorpresas. Son complacientes, poco exigentes y por lo general muestran fuerte lealtad hacia quienes los rodean. La gente estable valora la sinceridad; generalmente dicen la verdad y esperan que los demás hagan lo mismo. Los demás tienden a verlos como reflexivos y coherentes con su enfoque de vida, lo cual puede llevar a rotularlos de predecibles. Los individuos estables poseen un nivel inusual de persistencia y pueden mantener su atención e interés en algo por más tiempo que la mayoría de las demás personas.

Las personas con un fuerte rasgo meticuloso se interesan por la precisión y la exactitud. Les gusta la estructura y los detalles, y se centran fuertemente en los hechos. Dan mucha importancia a la tradición y la etiqueta, e invierten un gran esfuerzo en apoyar esas convenciones. Los individuos meticulosos tienden a usar un enfoque sistemático en sus actividades e insisten en el uso de reglas para manejar o controlar su entorno. Son discretos e indirectos en la manera de abordar el conflicto y pueden posponer involucrarse hasta que sea absolutamente necesario. Esto puede hacer que los demás los vean como pasivos y dóciles.

El modelo DISC de Marston sintetiza lo que la gente suele pensar, sentir y hacer como producto de las tendencias inherentes a su personalidad. Ciertamente, hay capas más profundas en el modelo DISC que exploraremos en capítulos posteriores, pero dicho modelo nos brinda una imagen visual rápida para ilustrar las diferencias globales entre los cuatro rasgos de la personalidad. En el eje vertical, los rasgos se diferencian por la tendencia general a ser *activo* o *reactivo* ante las cosas. Es decir, ¿tiendo a actuar rápidamente cuando las cosas cambian? o ¿soy más propenso a sentarme y ver cómo funcionan las cosas primero? En el eje horizontal, los rasgos se diferencian por la tendencia general a centrarse más en *tareas* o en *personas*. Inconscientemente, todos nos inclinamos por unas u otras.

Los perfiles DISC cobraron importancia por primera vez durante la concentración masiva de militares estadounidenses durante la Segunda Guerra Mundial. Evaluar los perfiles DISC de los nuevos reclutas era un método objetivo que permitía asignarle a cada uno la tarea correcta. Antes, los militares carecían de una prueba DISC y debían basarse en horas enteras de agotadoras entrevistas hechas a cada recluta y confiar en la posterior interpretación del psicólogo. No obstante, los perfiles DISC eliminaron una cantidad enorme de ensayo y error al ubicar a cada nuevo soldado en el lugar adecuado. Después de la guerra, muchos de estos soldados trajeron consigo el modelo DISC a la vida civil. Su experiencia fue de gran utilidad para hacer correr el rumor

Versión moderna del modelo DISC de la personalidad presentado por primera vez por el psicólogo de Harvard William Marston, en 1928. El modelo DISC analiza las motivaciones del comportamiento humano en cuatro dimensiones o rasgos únicos. Aunque dichos rasgos representan necesidades que son importantes para todo el mundo hasta cierto grado, saber cuál tendencia predomina en una persona es la clave para entender su personalidad.

y gestar un movimiento silencioso dedicado al estudio, uso y refinamiento continuo del modelo DISC mucho después de la muerte de Marston en 1947. Ese movimiento ha sobrevivido varias décadas gracias a un grupo de académicos capacitadores que reconocen el valor de los perfiles DISC y tienen el entrenamiento necesario para usarlo. Hasta el momento, el modelo DISC les ha ayudado a cincuenta millones de personas a descubrir la fuente de sus fortalezas y sigue siendo el modelo de personalidad más ampliamente usado en el mundo hoy.

Tres décadas de investigación han permitido hacer tres mejoras importantes al modelo DISC desde la muerte de Marston. En primer lugar, los términos del modelo han sido actualizados para mantener el lenguaje corriente. La segunda mejora radica en el descubrimiento de que cada uno de nosotros es más que simplemente un Dominante, Interpersonal, Estable, o Meticuloso. Puesto que toda persona posee todos estos rasgos en cierta medida, el rasgo predominante no lo dice todo. Una visión completa de un perfil de personalidad supone también comprender cómo combinamos esos cuatro rasgos. Si usted quiere entender a alguien, sigue siendo importante saber qué rasgo DISC predomina en su personalidad, pero el descubrimiento de los 14 tipos únicos de personalidad hace aún más fácil entender de dónde viene la gente. Estos 14 tipos son más que rótulos; permiten identificar las diferencias más reconocibles y útiles entre las personas. Los 14 tipos permiten usar un lenguaje común y entender cómo cada uno de nosotros reacciona ante los demás, prefiere llevar a cabo sus tareas y maneja su tiempo y su energía (todo se encuentra en el Capítulo 4). La tercera innovación hecha al modelo DISC garantiza que usted pueda conocer su tipo y perfil de personalidad. Durante los primeros años, entender su perfil DISC requería horas de entrevistas e interpretaciones por parte de psicólogos. Con el advenimiento de Internet y los avances en la valoración psicológica, ahora es posible que usted mismo presente la prueba en línea y descubra su perfil de personalidad de manera rápida y exacta. Las instrucciones para acceder en línea a esta nueva versión del perfil de la personalidad IDISC se encuentran en el Capítulo 3. Aunque usted puede aprender mucho de este libro sin presentar la prueba, conocer su perfil exacto hace que su aprendizaje sea real y le sirve de fundamento para entender su personalidad.

2. El autoconocimiento genera éxito

OPRIMA SU SUERTE era el nombre de un popular programa de concurso estadounidense de los años ochenta en el que aparecía el "gran tablero", una enorme pared con la apariencia de una máquina tragamonedas, llena de dinero en efectivo y premios. Los concursantes tenían la tarea, sencilla pero muy estresante, de oprimir un botón rojo en forma de émbolo que congelaba las figuras que aparecían en el tablero. Cada vez que un concursante oprimía el botón, aterrizaba en un recuadro de dinero en efectivo, vacaciones, premios valiosos o en el temido Whammy, un detestable monstruo animado que atravesaba el tablero en patines, esquiando o caminando para apoderarse del dinero y los premios. El juego se llamaba *Oprima su suerte* porque la amenaza inevitable del Whammy, que pretendía dejar a los concursantes en la quiebra, hacía que cada enfrentamiento con el tablero fuera un verdadero riesgo. Cuando un concursante estaba satisfecho con lo que había ganado, podía cederle sus "turnos" restantes a otro y así evitar el riesgo de perderlo todo con el Whammy.

Desde que el programa comenzó en septiembre de 1983, Michael Larson fue su aficionado número uno. Había sido conductor de un camión de helados en Ohio y ahora estaba desempleado; nunca se perdía un episodio del programa. Un día Michael observó que algo extraño pasaba con el gran tablero: sentía que él podía predecir cuándo iba a salir un Whammy. Para probar su teoría, grabó cada episodio del programa durante seis semanas seguidas e hizo un seguimiento del tablero cuadro por cuadro en una serie de televisores que instaló en la sala de su casa. Descubrió que el tablero en realidad no tenía una secuencia al azar sino que, por el contrario, seguía una de seis secuencias predecibles. Michael perfeccionó su técnica con cada episodio y se entrenó para detener el tablero cuando estaba seguro de que iba a aparecer un Whammy. Finalmente convenció a su novia de que iba a ser rico, sacó todo el dinero que tenía en su cuenta bancaria y compró un tiquete de ida a Los Ángeles para intentar participar en el programa.

En la audición, Michael llamó la atención de los productores del programa. "Realmente nos impresionó", recuerda el productor ejecutivo Bill Carruthers. "Tenía carisma; jugaba muy bien. Estábamos frente a un vendedor de helados que decía gustar tanto del programa que había viajado por su cuenta para tratar de participar". Bob Edwards, coordinador del concurso, no estaba muy seguro. "Había algo en ese tipo que me preocupaba". Edwards sentía que había algo un tanto "extraño" en ese hombre de Ohio. Con su cara mofletuda, su barba descuidada y su sonrisa persistente, parecía más un Papá Noel de centro comercial que un concursante de programa de televisión. Los productores discutieron un buen rato antes de decidir dejarlo participar en el programa. El 19 de mayo de 1984, Michael fue al estudio y finalmente tuvo la oportunidad de hacerse rico.

La primera parte del programa fue relativamente normal. En su primer turno, en el que estaba muy nervioso, el tiro de Michael aterrizó en un Whammy y sólo ganó 2500 dólares con los lanzamientos que le quedaban. Sin embargo, la ronda final fue completamente diferente. Empezó la ronda con siete lanzamientos pero necesitaba sólo uno para hacer su oferta. Michael fue el primero en oprimir el botón y alternó sistemáticamente entre los siete espacios que le otorgaban de 750 a 5000 dólares en efectivo, y tenía un turno adicional. La tensión aumentó cuanto Michael llegó a los 30 000 dólares. Era más dinero del que nadie hubiera ganado jamás en el programa, pero él continuó oprimiendo su suerte. Cada vez que oprimía el botón con éxito, aumentaba sus fondos ya repletos y generaba mayor frenesí entre el público. Continuó jugando hasta superar la barrera de los 40 000, los 50 000 y hasta los 60 000 dólares. El afable anfitrión del programa, Peter Tomarken, le rogaba que parara, temiendo que pudiera perderlo todo con el Whammy, pero Michael seguía jugando.

Cuando se acercaba a la marca de los 100 000 dólares, las cosas se empezaron a poner difíciles. El programa de media hora nunca se había pasado de tiempo, pero el juego de Michael lo hizo sobrepasar el límite. Además, de manera irónica, los Whammy marcaban los cortes naturales del programa de los cuales la CBS dependía para sacar al aire los comerciales. En este punto ya era muy claro que Michael no iba a caer en ninguno de los Whammy. Michael Brockman, director de la programación diurna de CBS, estaba descansando en su casa cuando recibió una llamada de los asistentes de producción de *Oprima su Suerte*. "Algo muy malo estaba pasando", recuerda. "Teníamos allí a un tipo salido de la nada, que estaba acertando en todos los tiros. Era una verdadera locura y no podíamos detenerlo. Unos minutos más y se convertiría en el dueño de la CBS. Seguía paseándose por el tablero y acertando". Después de una ráfaga de llamadas, decidieron no desconectar a Michael. Al percibir el pánico entre el equipo de producción, Michael quemó sus turnos restantes y se fue con 110 237 dólares en efectivo y otros premios. Puesto que no había hecho nada ilegal, la CBS le permitió conservar sus ganancias. Transmitió los episodios de Michael una sola vez (con más del doble del índice de audiencia de un episodio normal). Inmediatamente se le agregaron secuencias adicionales al tablero del juego y se instaló la tecnología necesaria para producir una secuencia de cuadros realmente aleatoria. Cuando le vendieron el programa a USA Network para su distribución, los episodios de Michael Larson no formaron parte del paquete.

La vida de Michael después del programa revela lo mucho que él desconocía de sí mismo y cuán destructiva puede ser una personalidad cuando avanza sin que nada la aplaque. Michael tomó sus ganancias y continuó oprimiendo su suerte. El primer Whammy serio le llegó en un desenlace desafortunado con una propiedad que tenía en Ohio. Michael seguía buscando afanosamente otro código que pudiera descifrar, cuando escuchó que una estación local de radio ofrecía 30 000 dólares a la persona que presentara dos billetes de un dólar con números seriales consecutivos. Fue al banco y sacó los 50 000 dólares que le quedaban de sus ganancias, en billetes de un dólar. Durante varios días, Larson y su novia organizaron el dinero en varios montones de billetes que distribuyeron por toda la casa. Pero nunca acabaron. Una noche, mientras estaban en una fiesta de Navidad, los ladrones entraron a su casa y le robaron el dinero. De nuevo en bancarrota y desempleado, Larson llamó a los productores de *Oprima su suerte* y les hizo una propuesta retadora: "Sé que le han agregado patrones al tablero pero les apuesto a que puedo ganarles otra vez. ¿Qué tal si organizan un torneo de campeones?". La CBS jamás respondió y Michael nunca tuvo otra oportunidad de ganar.

Mentes múltiples

La vida de Michael Larson nos da una idea de las fugaces subidas e inevitables bajadas que tenemos en la vida cuando confiamos ciegamente en nuestra personalidad. Cuando les damos rienda suelta a nuestras tendencias naturales, las habilidades sólo nos sirven hasta cierto punto y las debilidades nos hacen caer abruptamente. La ingeniosidad que Michael mostró al descifrar el código del gran tablero fue un esfuerzo muy exitoso, aunque bastante inusual. La complejidad del tablero no lo inmutaba –incluso le atraía– porque su personalidad lo hacía un solucionador creativo de problemas. Motivado por el deseo de vencer el tablero, pasó semanas descifrando metódicamente los patrones cuadro por cuadro en la sala de su casa. Pero al igual que muchas personas cuya motivación es la creatividad, la debilidad de Michael era su carácter impulsivo. El siguió buscando caprichosamente la manera de descifrar otro rompecabezas. Ni siquiera consideró la posibilidad de abandonar su elaborado esquema e incluso se sorprendió al perderlo todo. Como lo expresa el reconocido neurólogo Antonio Damasio: "La naturaleza no es tan creativa cuando se trata de soluciones exitosas. Una vez que funciona, lo intenta de nuevo una y otra vez".

Ninguna fortaleza nos puede servir siempre sin tener alguna orientación; el autoconocimiento es la única habilidad crítica que nos permite entender e incluso manejar nuestra personalidad ya arraigada. Tener conciencia de sí es una habilidad flexible que aumenta con el esfuerzo y disminuye sin él. Para la mayoría de nosotros, aplica lo segundo. En el estudio TalentSmart fue sorprendente descubrir que sólo el 29% de las personas sometidas a pruebas poseían un conocimiento sólido de sus propias tendencias. Parece que la mayoría de nosotros no estamos seguros de cómo nos relacionamos con los demás y no tenemos la habilidad para identificar nuestras fortalezas y garantizar que las usamos de la mejor manera posible. Más del 70% de las personas evaluadas tenían una grave dificultad para manejar el estrés y los conflictos interpersonales que son fomentados por esta falta de autoconocimiento.

En el estudio también comparamos los niveles de conciencia que tienen las personas de su capacidad para lograr aquello que consideran importante en la vida. Encontramos que en la medida en que hay mayor autoconocimiento, la satisfacción de las personas con su propia vida se dispara y es mucho más probable que logren sus metas laborales y familiares. Las personas satisfechas se toman el tiempo para conocer primero y luego para entender su estilo al responder a los retos y las oportunidades. Reconocen las situaciones y personas que los harán exitosos y esto les facilita la escogencia del camino correcto. Entienden las tendencias limitantes que no pueden evitar y eso les ayuda a detectar cuándo se manifiestan esas tendencias y a minimizar el daño resultante. Por último, las personas que se autoconocen saben exactamente lo que quieren de la vida y esta comprensión les allana el camino para lograrlo. Tener conciencia de sí mismo es una tendencia tan dominante en el éxito que trasciende la edad, el nivel de inteligencia, de educación, la profesión y el trabajo. En prácticamente cualquier profesión e industria encontramos que el 83% de las personas que tienen un alto desempeño tienen un buen conocimiento de sí mismas, mientras que sólo el 2% de las personas con bajo desempeño poseen esta habilidad crítica. Quienes entienden sus preferencias y tendencias son mucho más propensos a buscar las oportunidades correctas, a poner a funcionar sus fortalezas y a obtener los resultados que desean.

Los participantes en el estudio TalentSmart que tienen un alto desempeño muestran que el autoconocimiento es más un camino que un destino. Stewart Coleman es un hombre cuya vida personifica este proceso. Cuando me senté con él, este ejecutivo de software de 58 años hablaba de manera tan cómoda y natural sobre sus tendencias que el au-

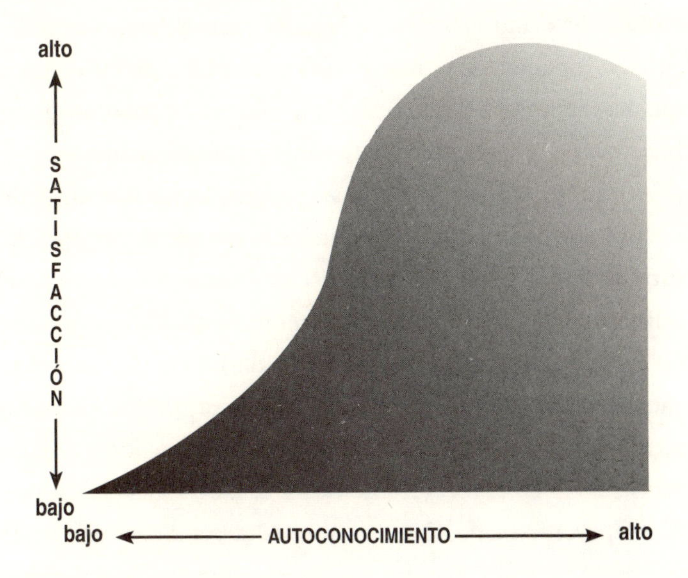

Al estudiar a un grupo de personas exitosas, se hizo clara una tendencia que muestra un punto decisivo en común: un agudo sentido de autoconocimiento. Cuando aumenta la conciencia que se tiene de sí, se entienden mejor las tendencias predominantes de la personalidad, que son las que determinan mucho de lo que hacemos y decimos a diario. Quienes tienen niveles superiores de autoconocimiento tienden con más fuerza a capitalizar sus fortalezas, a minimizar los efectos de sus debilidades y a colocarse en una posición de éxito.

toconocimiento parecía surgirle naturalmente, como si fuera un don de Dios. Pero no siempre fue así. De niño, Stewart tenía una mente inquisidora; creaba sus propios juguetes combinando piezas de objetos que habían sido descartados en casa. Por ser el menor de cinco hermanos, era el "último de la camada" y con frecuencia lo molestaban. Aprendió a no inmiscuirse en los asuntos de los demás evitando cualquier cosa que llamara su atención. Mantuvo esa actitud hasta cuando llegó al bachillerato, una época en que muchos de sus compañeros parecían querer ser el centro de atracción. Para cuando llegó a la universidad, aprendió que la única manera de evitar la intimidación por parte de sus compañeros y compañeras de clase era hacerse amigo de ellos. Tuvo que hacer un gran esfuerzo para romper el molde que lo hacía como era: un muchacho tímido e introvertido.

En la universidad, Stewart invirtió gran cantidad de energía en compensar su timidez. Hizo amistades que en últimas le demostraron que el esfuerzo invertido en cultivar relaciones era una opción inteligente. "Cuando me gradué de la universidad y recibí el título de ingeniero, no había muchos buenos empleos en Phoenix para personas con mi formación", recuerda, "así que un amigo me ayudó a conseguir trabajo en el restaurante de su padre". La atención que Stewart les prestaba a los detalles y su deseo de ser exitoso le fueron muy útiles en esa actividad económica. Estaba orgulloso de lo que había logrado pero todas las noches llegaba a casa exhausto y agotado de tener que lidiar con gente todo el tiempo; había que solucionar muchos conflictos y satisfacer necesidades particulares. "Me ofrecieron el puesto de gerente regional de otro restaurante pero no lo acepté y me mudé a Santa Clara. Pensé que trabajando como ingeniero resolvería todos mis problemas con la gente". Pero no fue así. Su iniciativa y su ética laboral lo treparon a la cima de la escala corporativa y, cada vez más, su éxito profesional y su felicidad dependían de su habilidad para inspirar y motivar a otros. Para tener éxito en este campo, Stewart regresó al mismo enfoque de relaciones que había "creado" en el bachillerato y la universidad.

"No estaba contento con mi trabajo en una sola aplicación (de software)", explica Stewart. "Quería desarrollar un sistema que catapultara a toda la compañía". Y pronto se dio cuenta de que eso tendría que lograrlo gracias a la acción de otras personas. El truco para Stewart –que él considera el secreto de su éxito– era entender que no se podía aproximar a la gente de manera tan natural como algunos de sus colegas. Su tendencia a la introversión persiste; sigue siendo testarudo y lo agobian las interacciones sociales. Horas enteras de trabajo solitario en su escritorio no le producen tanto cansancio como trabajar en grupo. Pero Stewart tiene éxito porque conoce esta faceta de sí mismo y maneja su agenda en consecuencia. "Trato a la gente como a un proyecto", dice. "Algunos aspectos de mi trabajo son más difíciles que otros y la parte social es uno de ellos. Lo que hago es presupuestar mi tiempo y prestarle a la gente toda mi atención cuando es su turno". Stewart es capaz de acercarse a las personas y desea hacerlo; simplemente tiene que hacerlo de manera consciente.

La travesía de Stewart al autoconocimiento le ha exigido años de reflexión; no ha sido un propósito de año nuevo ni el resultado de una motivación repentina. Él entiende bien su personalidad estática porque se ha tomado el tiempo para familiarizarse íntimamente con sus tendencias, fortalezas y debilidades. El gran reto del autoconocimiento es que casi todos sobreestimamos la precisión con que percibimos nuestro propio comportamiento. Pero lo que nos sirve es entender realmente el panorama completo. Cuanto más apreciamos la belleza y la imperfección, más podemos ponerlas a trabajar juntas para lograr lo que queremos. Stewart sabe que debe aprender aún más sobre sí mismo si quiere avanzar al siguiente nivel. Su ambición profesional no se ha estancado en el nivel de ejecutivo sénior; quiere llevar a su compañía a ser la número uno en la industria. Nuestra reunión se alarga veinte minutos hasta que Stewart se sale de su reflexión y me explica que tiene trabajo pendiente por hacer antes de una reunión en la tarde. Nos despedimos de mano y el teléfono suena mientras yo me dirijo hacia la puerta. La entonación de la voz de Stewart se torna más íntima al responder a una información que le dan del otro lado de la línea: "Gracias por mantenerme al tanto de la situación, Joyce; espero que tu mascota se mejore".

La personalidad es un factor poderoso en la vida que determina mucho de lo que nos parece cómodo y nos motiva. Sin embargo, como Stewart Coleman lo demuestra, nuestra personalidad no tiene que controlar todo lo que hacemos; podemos usar el auto-conocimiento para tomar cartas en el asunto. El área del cerebro responsable del autoconocimiento es muy maleable. Pero al igual que un músculo, el hecho de tenerla no significa que le demos buen uso. Es necesario ejercitar la conciencia que tenemos de nosotros mismos para que se fortalezca. Descubrir su perfil de personalidad puede acelerar este proceso. Puesto que su perfil capta la esencia de sus fortalezas, debilidades y tendencias generales, identificar su tipo le ahorra mucho esfuerzo en el camino hacia el autoconocimiento.

La personalidad es el único artefacto dominante de la mente que determina el comportamiento humano, ya que su perfil no cambia. Alinear sus esfuerzos con su personalidad es la única manera en que puede usarla para su propio beneficio. En el próximo capítulo, usted iniciará el recorrido hacia una mayor conciencia de sí mismo. Al responder la prueba de personalidad IDISC, descubrirá cuál de los 14 perfiles es el suyo y también el grado en que usted posee cada uno de los cuatro rasgos DISC. Analice los resultados de su IDISC cuidadosamente. Le permitirán hacer dos cosas importantes: familiarizarse íntimamente con sus fortalezas y entender sus debilidades. Eso garantiza que usted pueda atacar los problemas mientras sean lo suficientemente grandes para verlos, pero lo suficientemente pequeños para resolverlos. Este proceso es crucial porque el éxito no está en cambiar o convertimos en alguien que no somos. El éxito radica en saber quiénes somos.

3. La prueba de personalidad IDISC

EL CÓDIGO DE ACCESO DE OCHO DÍGITOS para tomar la prueba de personalidad IDISC –impreso en el interior de la solapa de este libro– es un número único para uso del lector. Digite la siguiente dirección en su buscador de red: **www.personalitycode.com/spanish**. Haga clic en "*Haga el test*" que está en la parte superior de la página y siga las instrucciones que allí aparecen. Cuando el sistema le pida su código de identificación, usted deberá digitar el código que aparece en la parte interna de la solapa de su libro. Puede escribir las letras en mayúsculas o minúsculas. Lo único que se necesita es un computador con acceso a Internet, un navegador y un módem de 56K o más.

Muy pocas personas opinan que completar la prueba sea difícil o estresante. Puesto que el IDISC hace preguntas directas sobre su comportamiento, usted ya tiene todas las respuestas. Cuando complete la prueba, instantáneamente se creará su perfil. Verá sus resultados inmediatamente y puede consultarlos de nuevo en cualquier momento. El sistema también le permitirá imprimirlos o guardarlos como un

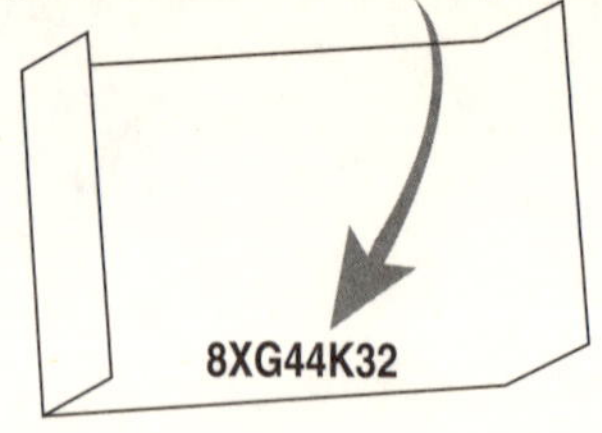

Su número de contraseña para tomar la prueba de personalidad IDISC en línea está impreso en la parte interna de la solapa de este libro. Simplemente quite la solapa y verá el código de acceso de 8 dígitos impreso en el lado inferior derecho. Este código es un número único exclusivamente para usted y le dará acceso a la prueba en ***www.personalitycode.com./spanish***

documento en su computador. La cantidad de tiempo que invierta revisando su perfil y participando en las actividades en línea depende de usted. Algunas personas se demoran entre 10 y 20 minutos leyendo sus resultados. Otras utilizan las 10 horas de actividades disponibles durante el transcurso de un par de meses.

Responder las preguntas sólo le tomará 15 minutos. Haga clic en "Done" (Terminado) y verá que, como por arte de magia, se procesan 100 000 líneas de código programado en menos de un segundo. Olvídese de tener que esperar a que alguien califique manualmente esa cantidad de información; sus resultados aparecerán frente a usted más rápido que una cotización en la bolsa. La mayoría de las personas que toman la prueba no consideran que las preguntas sean demasiado indiscretas. Sin embargo, los análisis estadísticos que hay detrás analizan el patrón de sus respuestas para descifrar el código de su personalidad. Independiente de ello, la información que usted ingresa al tomar la prueba es almacenada en un servidor remoto bastante seguro que se monitorea 24 horas al día para garantizar que nadie tenga acceso a sus resultados.

El propósito de la prueba

Los últimos avances en psicología han confirmado que gran parte de nuestro comportamiento está determinado por nuestra personalidad, es decir, por los rasgos estables de nuestro carácter individual que permanecen idénticos a lo largo de la vida. No obstante, estos descubrimientos han permanecido archivados en la oscuridad académica hasta el punto que la mayoría de nosotros entiende muy poco cómo nuestra personalidad efectivamente determina nuestro destino. Entender nuestras principales tendencias, motivaciones y preferencias es un reto formidable ya que el cerebro es el órgano más complejo del cuerpo. Basta compararlo con otro órgano crítico, el corazón. Si usted quiere saber en qué estado se encuentra su corazón, puede visitar a un cardiólogo quien, después de un par de exámenes, podrá decirle todo lo que usted necesita saber. Si usted le lleva su corazón al especialista, él puede examinarlo, mirarlo por dentro y escanearlo hasta que no quede virtualmente ninguna duda sobre cómo funciona. ¿Por qué no podemos hacer lo mismo con el cerebro? Los mil millones de neuronas que hay aproximadamente en el cerebro hacen que esta masa de tejido de tres libras sea particularmente difícil de dimensionar. Esta red de complejidad densa controla simultáneamente los sentidos, el movimiento, el comportamiento, la memoria, el aprendizaje, el ritmo cardiaco, la presión arterial, el equilibrio de los fluidos y la temperatura del cuerpo. Pero así como el bombeo del corazón se ve en la circulación de la sangre a través del cuerpo, el funcionamiento del cerebro se vc en el comportamiento: en lo que usted hace y dice todos los días.

Los patrones de comportamiento proporcionan la clave más importante para saber cómo piensa y actúa una persona. El único problema es que esos patrones son difíciles de entender si uno no sabe lo que está buscando. Cada uno de nosotros tiene experiencias fuertes en la vida que son como ventanas de diversos tamaños desde las cuales se puede ver nuestra personalidad. Ellas arrojan luces sobre nuestras tendencias y preferencias, pero carecemos de una perspectiva más amplia para integrarlas en un todo coherente. Entonces, ¿cómo puede alguien descubrir el "código" de su personalidad? Una manera sería monitorear y registrar su comportamiento durante un período largo de tiempo para captar las tendencias y preferencias que indican su tipo. Esta, por supuesto, sería una tarea difícil y seguramente improductiva, ya que la percepción que tenemos de nuestros actos tiende a ser inexacta. Otra persona podría hacer el registro por nosotros, pero, ¿quién podría tener el nivel de comprensión necesario 24 horas al día durante siete días a la semana para calificarnos con exactitud? La objetividad se obtiene mediante una prueba. En nuestra pretensión de descifrar el código de la personalidad, desarrollamos el sistema de perfiles más popular del mundo en forma de una prueba de personalidad en línea fácil de usar: el IDISC. Esta prueba es importante porque le permite trabajar en línea y encontrar una medición objetiva y científicamente válida de su personalidad en cuestión de minutos. El número de acceso único que se incluye en este libro es todo lo que necesita para responder las preguntas de la prueba en línea y, con el clic de su ratón, obtener un análisis instantáneo de su perfil. La prueba revela qué tanto usted confía en las cuatro dimensiones DISC del comportamiento y analiza esta combinación para identificar su tipo de personalidad.

Este libro mide su personalidad con una técnica que va más allá de un simple cuestionario. Conocer su perfil hace que su aprendizaje sea real, relevante y personal. El valor de someterse a la prueba es muy similar a aprender a bailar vals con una pareja real. Si yo le explico cómo funciona la danza seguramente usted aprenderá algo y a lo mejor sienta la necesidad de practicar. Si usted practica cada paso con una pareja mientras yo le enseño, las posibilidades de que recuerde los pasos después en una pista de baile aumentan exponencialmente. El perfil de personalidad que usted recibe del IDISC será su pareja de baile a medida que recorre las estrategias que se presentan en lo que resta de este libro. Yo le recordaré cómo marcar el paso al ritmo de la música a medida que lea los capítulos siguientes. Para que aprenda a usar su personalidad es esencial que conozca su propio perfil. Le ayudará a reflexionar sobre el punto donde se encuentra y en qué aspectos de su vida puede aplicar mejor el nuevo conocimiento. Ninguna prueba puede hacer esto por usted, pero su perfil IDISC le ayudará a entender sus tendencias, preferencias y motivaciones. Si usted decide tomar la prueba de personalidad IDISC, ampliará el conocimiento que tiene de sí mismo descubriendo la fuente de sus fortalezas y aprendiendo a esquivar sus debilidades. En el estudio TalentSmart aprendimos que este hecho es decisivo para el éxito. Las personas que aumentan su autoconocimiento a través de un análisis cuidadoso de su perfil de personalidad tienen mayor probabilidad de alcanzar sus metas en el trabajo y el hogar.

En el interior del IDISC

La reciente proliferación de pruebas de "personalidad" ha contribuido a la falsa creencia de que ella le da forma a nuestra vida. ¿Por qué sucede esto? Estas pruebas no son más que una manera de clasificar y rotular las diferencias obvias entre la gente. Las distinciones arbitrarias que ofrecen no han sido sometidas a pruebas experimentales y son insostenibles a la luz de un análisis minucioso. A pesar de que pueden ser divertidas, estas pruebas crean un falso sentido de confianza. Cualquier cosa llamada prueba de "personalidad" tiende a atraernos porque es un componente fundamental de lo que somos. Es una situación difícil porque la mayoría de las personas no saben cómo evaluar la validez de la prueba que están tomando y reciben retroalimentación quizás inútil o irrelevante. La avalancha de pruebas que crean una falsa comprensión de la personalidad se ha convertido en más que un simple tema académico. Hoy en día, no se necesita ser lector del *Journal of Abnormal Psichology* [Revista científica de psicología anormal] para encontrar artículos sobre los peligros de las pruebas de personalidad; se trata de una preocupación general en crecimiento que aparece en medios muy prestigiosos como la revista *Time* y *The New York Times*. Annie Murphy Paul, quien explora en profundidad el tema en su libro *The Cult of Personality* [El culto a la personalidad] explica: "A pesar de su grado de difusión –y de la importancia de los problemas que están llamadas a resolver– las pruebas de personalidad han sido objeto de muy poco análisis. Han prosperado a la sombra del descuido, creciendo sin control alguno a la par con abusos como preguntas indiscretas, rótulos inexactos y resultados injustos".

Estamos mal orientados por la incapacidad de estas pruebas para aprovechar el verdadero poder que la personalidad tiene en nuestras vidas. A pesar del claro testimonio experiencial, la mayoría de nosotros tristemente permanecemos en la oscuridad con respecto al código esencial del comportamiento humano; conocemos más de los rasgos astrológicos propios y ajenos que de lo que sabemos sobre nuestra personalidad. La prueba de personalidad IDISC es un método moderno para medir los rasgos que William Marston presentó por primera vez, y que constituyen el modelo de personalidad más antiguo y más ampliamente utilizado en el mundo. El modelo DISC ha resistido más de setenta años de análisis minuciosos, evaluación y modificación, porque es sólido científicamente y además altamente intuitivo. Ya que se puede descifrar pero no puede cambiar el "código", el poder real de la personalidad radica en hacer que sus fortalezas y tendencias funcionen para usted. Antes del IDISC, conocer su perfil DISC era un proceso dispendioso. El IDISC simplifica este proceso con análisis de sus reacciones instintivas y patrones de respuesta comparados contra 123 000 posibles configuraciones. Sus resultados revelan instantáneamente cuál de los 14 tipos de personalidad lo describen mejor, y también proporcionan un análisis detallado de su tendencia a usar los cuatro rasgos de comportamiento DISC: Dominante, Interpersonal, Estable y Meticuloso (Ver en el anexo A, Preguntas comunes sobre el IDISC).

Cuando se evalúan tantas personas como lo hicimos en el estudio TalentSmart, rápidamente se concluye que los sujetos tienden a tomar sus respuestas muy en serio. Cuando las personas toman una prueba que mide el grado en que poseen alguna cualidad –la inteligencia emocional es un buen ejemplo–, la experiencia puede ser amenazante. Ni siquiera un ejecutivo escéptico que acaba de escuchar el término por primera vez quiere que le digan que obtuvo un puntaje bajo. Esta preocupación está bien fundada y sin embargo no tiene relación con el IDISC. Ninguno de los rasgos de personalidad que mide el IDISC es mejor que otro. Todos poseemos esos rasgos en diferentes grados. Ya que la mayor parte de nuestro comportamiento está controlado por nuestra personalidad, es esencial entender nuestras fortalezas y debilidades. Quienes entienden su personalidad logran enfocarse de manera más rápida y exacta.

El IDISC presenta una serie de 112 adjetivos que están agrupados en 28 grupos de 4. A medida que avanza por cada cuarteto de palabras, usted debe escoger cuál de ellas lo describe mejor y cuál no lo describe. Este proceso toma unos quince minutos; sus resultados se almacenan permanentemente en línea. Usted puede regresar a ellos para revisarlos cuando desee. Junto con la prueba hay un programa de aprendizaje en línea que ayuda a darle vida a los rasgos DISC –y a los 14 tipos de personalidad en los cuales emergen– mediante apartes de películas o televisión y hechos reales que ilustran la personalidad en acción. Un sistema automático de registro de metas guarda los pasos que usted da para mejorar el conocimiento que tiene de sí mismo y le envía recordatorios automáticos por correo electrónico para que se mantenga encaminado. Lo que usted aprenderá sobre su perfil de personalidad es aplicable en el trabajo y en la casa, puesto que la faceta estable de su carácter está relacionada con todos los aspectos de su vida. Descubrirá las fortalezas únicas de su perfil, lo mismo que las tendencias que lo deprimen cuando no se revisan. La objetividad de la prueba en línea garantiza que usted aprenda mucho más sobre su personalidad que lo que jamás podría haber hecho por sí solo.

4. Los catorce tipos de personas

Shaquille O'Neal mide más de dos metros, pesa 158 kilos y usa zapatos talla 44. El dogmático y categórico veterano, considerado uno de los mejores cincuenta jugadores de la NBA de todos los tiempos, tiende a hablar muy bien de sí mismo. De los cinco apodos que él mismo se ha dado a lo largo de su carrera de 15 años, "Supermán" es su favorito; tiene el logo del héroe tatuado en el brazo, pintado en el carro y bordado en sus camisas. Shaquille no es el tipo de persona que uno quisiera tener en frente cuando comete una equivocación, pero a Bob Delaney parece no importarle. "No siento ningún tipo de intimidación", dice. "No me siento en absoluto incapaz de manejar la situación".

Este experimentado árbitro siempre ha actuado con calma bajo presión, cualidad que lo ha llevado a ocupar dos de los trabajos más difíciles del planeta. Antes de su carrera en la NBA, Delaney trabajó como agente secreto para infiltrarse en la mafia. En 1973 Delaney era un agente estatal de New Jersey de tan sólo 23 años. Sus superiores lo invitaron a participar en el Proyecto Alfa, una iniciativa conjunta con el

FBI que buscaba acabar con la familia DiNorsico. Delaney no dejó pasar la oportunidad. Utilizando el seudónimo de Bobby Covert, pasó más de dos años simulando llevar la vida de un mafioso. Fue un poco lento al comienzo –la mafia no le abre la puerta a cualquiera– pero el FBI encontró la manera de que Bobby se infiltrara a través de un *consigliere* de la familia que se había convertido en informante. Su acuerdo era simple: el informante recibía inmunidad y Bobby era tratado como un amigo. Si cualquiera de los dos perdía su identidad, ambos estaban muertos.

Muy pronto Bobby estaba bien cotizado entre la mafia. Tenía un negocio, Alamo Transportation, que le servía de fachada para transportar cosas robadas. Pero no podía parar ahí, no si quería sobrevivir. "No basta con parecer", dice Delaney. "Hay que convertirse en esa persona. Cuando era el presidente de Alamo Transportation… había mañanas en las que estaba más preocupado por los camiones y las ganancias que por cualquier otra cosa". Hacía viajes relámpago por todo el país para reunirse con jefes de la mafia y rápidamente incursionó en la extorsión y el agiotismo. Aparentemente, Bobby Covert mantenía la calma. Por lo regular llevaba micrófonos ocultos a las reuniones donde los miembros de la mafia revelaban evidencia incriminatoria de sus operaciones. "Me vestía como ellos y actuaba como ellos tanto como me era posible", recuerda Bobby. "Lo hacía muy bien cuando se trataba de entablar una conversación". Aunque nunca sospecharon de él, por dentro Bob Delaney sudaba la gota gorda. Le costaba mucho no descomponerse. "Hacía el ritual del beso en la mejilla y todo lo demás, y cuando salía de la reunión tenía que parar a un lado de la vía a vomitar. O paraba en la primera estación de gasolina que encontraba porque tenía diarrea. Nadie lo sabía. Nadie lo podía saber. En ese mundo, los informantes mueren".

Cuando finalmente ocurrió la redada, el trabajo secreto de Bob Delaney permitió capturar a 29 mafiosos y llevarlos a la cárcel. Delaney había sido tan bueno para convencerlos de que era uno de ellos que los mafiosos se rehusaban a creer que era un agente. En la redada, Bob estaba con el FBI mientras los mafiosos desfilaban frente a ellos con las manos esposadas. Uno de sus socios le gritó: "¡Oye, Bobby, por qué te atraparon a ti!". Fue un momento surrealista, como lo son muchos en la NBA. Hoy en día, Bob Delaney es uno de los árbitros más respetados en el básquetbol profesional debido en gran parte a su asombrosa capacidad para mantenerse equilibrado. Eso no es fácil de lograr cuando uno está parado en la mitad de un escenario deportivo con 40 000 fanáticos gritando para que el Goliat de dos metros se enfrente con uno por una decisión equivocada. Esa es la vida de un árbitro de la NBA. Es un trabajo duro pero la personalidad de Bob Delaney es perfecta para ello.

Descubrimiento de los catorce tipos

Bob Delaney descubrió las fortalezas de su personalidad –como su capacidad para mantenerse "calmado bajo presión"– durante años de ensayo y error. Afortunadamente usted no tiene que someterse a pruebas similares para aprovechar el poder de su tipo de personalidad. Seguramente en este momento usted ya hizo la prueba en línea IDISC y sabe cuál de los 14 tipos de personalidad lo describe mejor (las instrucciones para acceder a la prueba están en el Capítulo 3). A medida que lea la descripción detallada de los 14 tipos en este capítulo, recuerde que cada una representa una combinación única de los cuatro rasgos básicos de comportamiento DISC: dominante, interpersonal, estable y meticuloso. Si su tipo corresponde a detective, diplomático, tutor o cualquiera otro de los 14, el nombre no indica que esa sea su profesión. Se trata más bien de un término descriptivo sencillo que capta la esencia de sus fortalezas únicas y de los retos de su tipo de personalidad.

Los 14 tipos de personalidad representan las diferencias más fácilmente identificables y prácticas que hay entre las personas. Cuando usted descubre el tipo de una persona, es más fácil entender cómo reacciona al entorno, cómo prefiere realizar las tareas y cómo maneja su tiempo y su energía. Conocerá las características que definen a las personas que pertenecen a cada tipo. Descubrirá qué tan común es cada tipo y también conocerá personajes famosos que pertenecen a este tipo y que lo han capitalizado. Estudie los aspectos positivos y negativos de las descripciones de las personas más cercanas a usted y empezará a verlos desde una perspectiva totalmente nueva.

Los catorce tipos de personalidad

(y el porcentaje de población que comparte cada tipo)

Aliado	5%
Arquitecto	13%
Detective	9%
Diplomático	9%
Emprendedor	7%
Estratega	1%
Experto	6%
Innovador	3%
Investigador	4%
Motivador	13%
Oportunista	2%
Patrocinador	16%
Promotor	3%
Tutor	9%

El *aliado*

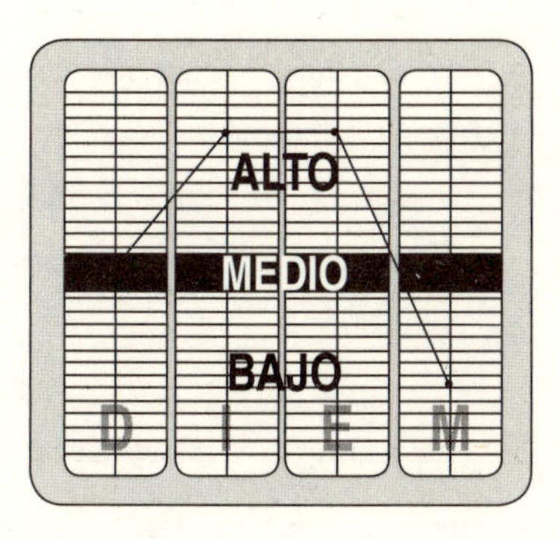

Valora la calidad de sus relaciones por encima de todo. Tiene mucha habilidad para conectarse con otras personas, lo cual es un elemento muy visible en este perfil que sólo se observa en el 5% de la población. Su don de gentes resulta útil durante un conflicto porque tiene capacidad de maniobra en situaciones difíciles para producir un resultado que sea satisfactorio para todas las partes involucradas. Se incomoda constantemente para hacer que los demás se sientan apreciados, lo cual no es sorprendente porque usted le da un valor excepcional a ser aceptado y tiende a tomar a título personal la descortesía o la grosería de una persona hacia usted. Dos famosos aliados son Lucille Ball y Johnny Carson.

Fortalezas:

- Disposición a escuchar
- Trabajo en equipo
- Disposición a ayudar a los demás

Retos:

- Mantener la motivación cuando trabaja solo
- Tolerar el comportamiento poco amable o descortés
- Hacer valer sus ideas

Cómo sacar el mejor provecho de su perfil de aliado:

- Utilice su excelente capacidad de escucha para ayudar a aquellos que necesitan su apoyo.
- Confíe en su red. Las buenas relaciones que usted ha construido hacen que los demás estén dispuestos a tenderle la mano.
- No tenga miedo de hacer valer sus ideas. A veces ser firme y enérgico es la única manera de resolver un problema.

Sugerencias para conectarse con un aliado:

- Tenga cuidado con sus críticas. Un aliado toma en serio sus comentarios.
- ¿Necesita una idea para ayudar a que la gente se sienta apreciada? Pregúntele a un aliado; él escucha con atención y sabe qué es lo que mueve a la gente.
- Los aliados son expertos en manejar las relaciones difíciles. Permítales tomar el liderazgo cuando haya una relación tensa entre dos personas.

El *arquitecto*

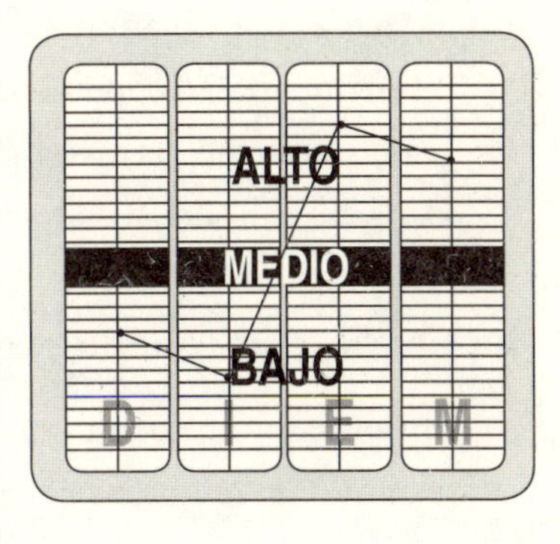

Su objetivo último es lograr que las cosas se hagan bien; usted tiene un sentido muy claro para determinar la manera correcta de llevar a cabo una tarea. Es detallista y tiene ideas innovadoras; al mismo tiempo es analítico y lo mueven los objetivos. Disfruta los ambientes estructurados y estables y prefiere trabajar con fechas límite y expectativas claras. Generalmente se toma mucho tiempo para analizar la información antes de tomar una decisión y está dispuesto a posponer una gratificación tanto como sea necesario hasta ver concluida la tarea. George Lucas y Charles Schulz comparten el perfil del arquitecto junto con 13% de la población.

Fortalezas:

- Piensa muy bien las decisiones
- Tiene habilidades organizacionales superiores
- Presta atención a los detalles

Retos:

- No perder la perspectiva
- Seguir sus instintos
- Tolerar el cambio

Cómo sacar el mejor provecho de su perfil de arquitecto:

- No tenga miedo de seguir sus instintos cuando la situación lo exija.
- Trate de que el cambio no lo tome por sorpresa; generalmente está a la vuelta de la esquina.
- Escoja aquellas tareas en las que pueda ver claramente los resultados de su esfuerzo en cada paso.

Sugerencias para conectarse con un arquitecto:

- Propicie un ambiente en el que las expectativas estén claramente definidas y haga un seguimiento de los compromisos.
- Asegúrese de que el arquitecto tenga suficiente tiempo para hacer su tarea bien. Los arquitectos le dan más importancia a la precisión que al cumplimiento de una fecha límite.
- Cuando tenga que presentarle algún reporte a un arquitecto, asegúrese de sustentarlo con datos.

El *detective*

El uso de la lógica y la razón dominan su pensamiento. Tiende a enfocarse en los hechos porque la exactitud es el estándar mediante el cual usted evalúa las ideas. Su habilidad para recolectar datos y tomar decisiones con base en ellos le puede ser muy útil en su carrera y en su vida. Está dispuesto a tomarse el tiempo necesario para llegar al fondo de las cosas sin importar cuán oscuro sea y espera que los demás hagan lo mismo. Su tendencia a considerar el punto de vista de los demás le ayuda a aplicar la lógica de tener una perspectiva general, ya sea para resolver problemas comunes o para conectarse con los demás con base en las ideas que son importantes para *ellos*. El perfil de detective no es tan raro como algunas personas creen; se observa en el 9% de la población e incluye a famosos solucionadores de problemas, tales como Thomas Edisson y Albert Einstein.

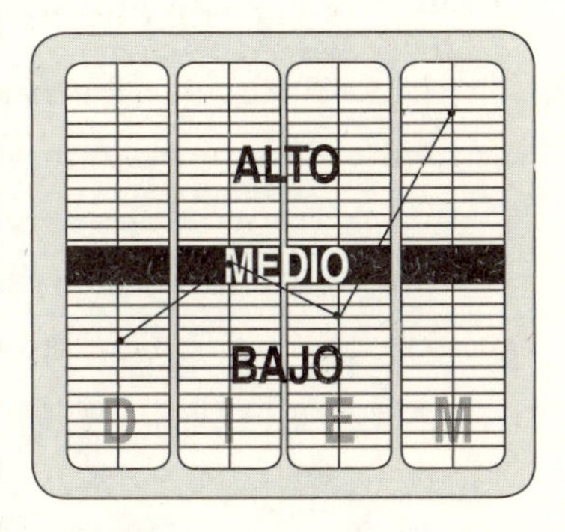

Fortalezas:

- Destaca el impacto que tienen los hechos

- Recolecta datos para tomar decisiones sensatas
- Establece estándares y normas

Retos:

- Admitir errores
- Tomar decisiones rápidas
- Permitir darse a conocer a sí mismo

Cómo sacar el mejor provecho de su perfil de detective:

- Cuando se requiera una buena dosis de investigación e información para respaldar una decisión, no dude en ofrecer sus servicios.
- Para construir relaciones más confiables y de cooperación con los demás, aproveche las oportunidades para compartir lo que usted piensa o siente sobre un tema.
- Cuando cometa un error, busque en los demás información sobre cómo pudo haberlo evitado; buscar en los demás algún conocimiento o aporte demuestra su buena disposición a reconocer sus errores y a aprender de ellos.

Sugerencias para conectarse con un detective:

- Dele tiempo a un detective para pensar la respuesta a un problema. Los detectives necesitan tiempo para considerar los datos que respaldan cualquier opinión.
- Incluya a un detective en el desarrollo de planes y estrategias. Él es hábil para anticipar desafíos y encontrar soluciones.
- Tenga en cuenta que los detectives generalmente se sienten incómodos con la idea de mostrar deficiencias en su trabajo.

El *diplomático*

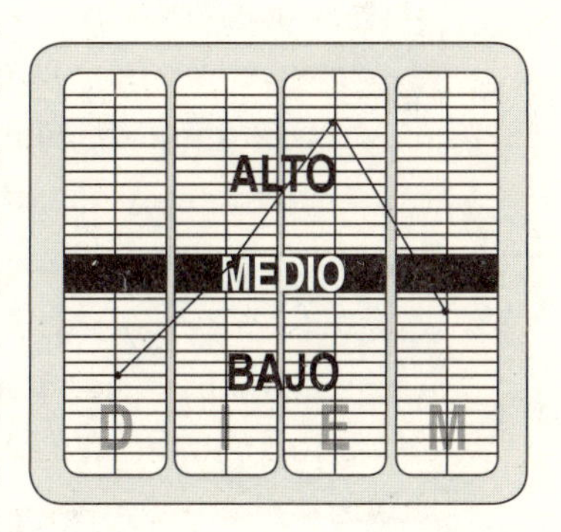

Tiene la habilidad de relacionarse con casi cualquier tipo de persona y los demás consideran que su estilo es cálido y acogedor. Se centra en el respeto como fundamento de cualquier relación. Trabaja duro para hacer que los demás se sientan respetados y espera lo mismo para usted. Se siente más cómodo en un ambiente estable e invierte un esfuerzo considerable en crear y mantener estabilidad en su vida. Puesto que para usted la coherencia es la reina, no le gustan las sorpresas. Entre los diplomáticos más famosos se encuentran Desmond Tutu y el Dalai Lama. El perfil de diplomático se observa en 9% de la población.

Fortalezas:

- Encuentra soluciones prácticas
- Hace que las cosas fluyan
- Es modesto

Retos:

- Evitar el cruce de fuegos cuando esté buscando paz
- Obtener el reconocimiento que se merece
- Defender su punto de vista

Cómo sacar el mejor provecho de su perfil de diplomático:

- Su naturaleza modesta puede en ocasiones impedir que los demás entiendan verdaderamente la profundidad de sus experiencias. Si usted no transmite esa información, las personas que no son conscientes de sus talentos y conocimientos pueden ignorarlo en el momento en que se presenten nuevos desafíos y oportunidades.
- Cuando trabaje en el desempeño de tareas, pregúnteles a los demás si han encontrado una forma más rápida pero igualmente efectiva de obtener los mismos resultados. Si toma un atajo efectivo, tendrá más tiempo para dedicarse a otro proyecto de su preferencia.
- Escoja tareas que tengan resultados consistentes y medibles.

Sugerencias para conectarse con un diplomático:

- Los diplomáticos son cordiales y bondadosos por naturaleza, y disfrutan conectarse con muchos tipos distintos de personas.
- Un diplomático preferirá avanzar de manera consecuente y controlada hacia el logro de un objetivo, por encima de *cualquier* giro inesperado.
- Si usted quiere saber lo que la gente está pensando y sintiendo, pregúntele a un diplomático, pues él sabrá medir el pulso de la opinión de un grupo.

El *emprendedor*

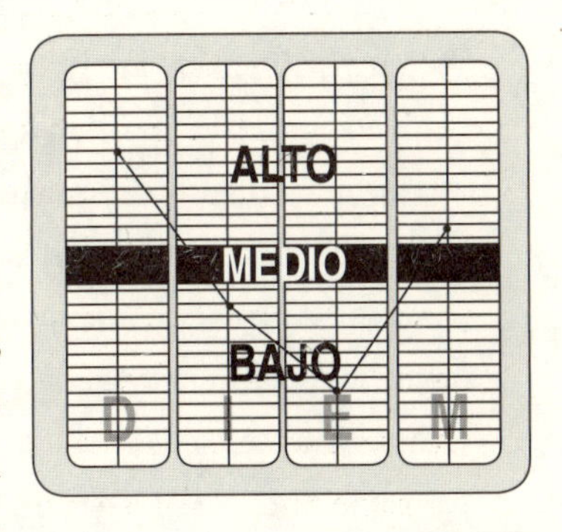

Su energía proviene de mover fronteras y llevar las cosas al siguiente nivel. Se aburre rápidamente y lo atrae la variedad. Cuando las cosas son emocionantes y novedosas, experimenta un momento de energía que considera su estado óptimo. Usted se exige mucho para alcanzar metas de todo tipo y espera que los demás hagan lo mismo. Valora la independencia y el control sobre su entorno por encima de todo y está dispuesto a ser atrevido y en ocasiones enérgico cuando realmente cree en algo. Los emprendedores conforman el 7% de la población; entre sus representantes más famosos están César Chávez y Bill Gates.

Fortalezas:

- Se enfoca en los resultados
- Tiene habilidad para esforzarse hasta el límite
- Toma el control

Retos:

- Trabajar en equipo
- Guardar la compostura
- Ser paciente

Cómo sacar el mejor provecho de su perfil de emprendedor:

- Las personas generalmente tendrán dificultad para entender por qué necesita moverse tan rápidamente. Invertir un poco de tiempo para explicar a los demás sus motivaciones le ayudará a sentirse comprendido.
- Acepte la realidad de que rara vez se sentirá profundamente satisfecho con lo que ha hecho. Está en su naturaleza buscar nuevos desafíos tan pronto como el anterior ya está superado.
- Impóngase el reto de buscar los momentos que requieren paciencia. Si la asume como un reto necesario para aprovechar ciertas oportunidades, es más probable que logre desarrollarla.

Sugerencia para conectarse con un emprendedor:

- Recuerde que a los emprendedores les gusta estar ocupados e incluso disfrutan estudiar detenidamente un proyecto difícil hasta verlo terminado.
- Los emprendedores tienen que acumular puntos cada día para sentirse exitosos. Los reconocerá porque siempre llevan un registro de sus logros.
- Esté siempre dispuesto a elogiar a un emprendedor, especialmente cuando invierta un esfuerzo adicional en un proyecto (ej.: llegar temprano o trabajar horas extras). A los emprendedores les gusta que se reconozca su esfuerzo.

El *estratega*

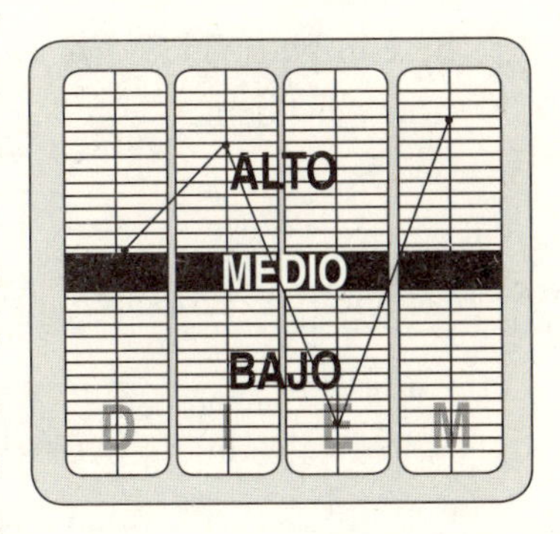

Es experto en planear y crear el camino que la gente debe seguir. Es minucioso en sus estrategias y tiene una asombrosa habilidad para ir unos cuantos pasos adelante. Esto les evita dolores de cabeza a quienes lo rodean porque ellos saben que nueve de cada diez de sus planes funcionarán. Como estratega, usted es el más raro de la especie y sólo 1% de la población comparte su perfil. Entre los estrategas famosos están George S. Patton y Vince Lombardi.

Fortalezas:

- Encuentra soluciones factibles
- Sabe diseñar planes de acción claros
- Se gana la confianza de quienes trabajan con usted

Retos:

- Hacer críticas constructivas
- Ser paciente
- No temer al fracaso

Cómo sacar el mejor provecho de su perfil de estratega:

- En su deseo de aprovechar un nuevo camino para que las cosas avancen, puede parecer inquieto o impaciente ante los ojos de los demás. Cuando sienta presión para aligerar el ritmo, deténgase y haga una revisión con los demás.
- Su estilo de trabajo colaborador es bien recibido; por su capacidad de pensamiento crítico, usted es experto en crear equipos competitivos y exitosos.
- Su competitividad a veces se manifiesta en agudas críticas a los demás, las cuales logran debilitarlos más que fortalecerlos.

Sugerencias para conectarse con un estratega:

- Los estrategas son muy conscientes de las perspectivas individuales que hay en cualquier grupo y son buenos usando ese conocimiento para lograr que cada individuo se comprometa con la tarea que está realizando.
- Al enfrentar problemas difíciles, el pensamiento de los estrategas generalmente va varios pasos adelante. En una situación de desacuerdo, deténgase para estar seguro de que los dos están hablando de lo mismo.
- Sólo una de cada cien personas tiene el perfil de estratega. Si usted cuenta con uno en su equipo, aproveche su extraordinaria capacidad visionaria.

El *experto*

Tiene conocimiento de muchas áreas y disfruta las discusiones y los debates sobre temas de su interés. Le encanta aprender y trabaja fuertemente para mejorar. A la vez, es su crítico más acérrimo. Es capaz de mantenerse en las tareas que asume y se asegura de hacer un buen trabajo y de hacerlo oportunamente. La gente lo considera perfeccionista pero lo encuentra informal y tranquilo en los ámbitos sociales. Sólo 6% de la población comparte su perfil. Jane Goodall y George Washington Carver son ejemplos famosos de este tipo de personalidad.

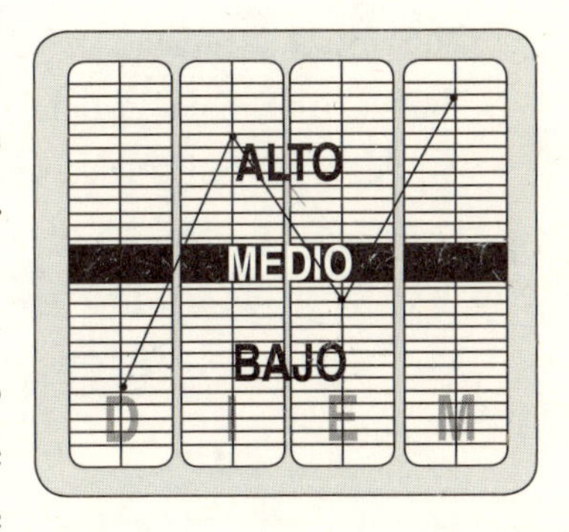

Fortalezas:

- Capta las ideas rápidamente
- Resuelve problemas
- Tiene automotivación

Retos:

- Reconocer los aportes de los demás

- Evitar parecer sentencioso
- No ser tan duro consigo mismo

Cómo sacar el mejor provecho de su perfil de experto:

- La gente lo ve como el experto de la familia debido a su interés en los hechos y la información. Recurren a usted para obtener todo tipo de respuestas, pero no sea demasiado duro consigo mismo cuando no las tenga.
- Aproveche el conocimiento de los demás y delegue en ellos nuevas responsabilidades. Esto les generará confianza y responsabilidad.
- Su deseo de mostrar su dominio técnico en el trabajo a veces opaca los aportes de los demás. Busque oportunidades para reconocer públicamente o en privado las contribuciones de las demás personas a un proyecto o tarea.

Sugerencias para conectarse con un experto:

- No tenga miedo de delegar a un experto la tarea de desarrollar conocimiento sobre un nuevo tema o campo. Los expertos se esfuerzan por estar actualizados y harán cuanto sea necesario para aprender tanto como sea posible sobre un nuevo tema.
- Los expertos se fijan estándares muy altos para medir su desempeño personal y juzgan a los demás por su disciplina para alcanzar los mismos estándares que ellos se imponen.
- Pídale a un experto que desarrolle un sistema para capitalizar y compartir todo el conocimiento que posee.

El *innovador*

Su energía proviene de hacer que la savia de la creatividad fluya. Se adapta bien al cambio; tiene una visión de futuro y de la manera como deberían ser las cosas. Piensa constantemente en nuevas maneras de ver e interpretar la realidad, pero la ve en su totalidad. No teme desafiar el statu quo y se desmotiva cuando las cosas no se pueden hacer a su manera. Usted comparte su perfil con sólo 3% de la población; entre los innovadores famosos están Elvis Presley y Pablo Picasso.

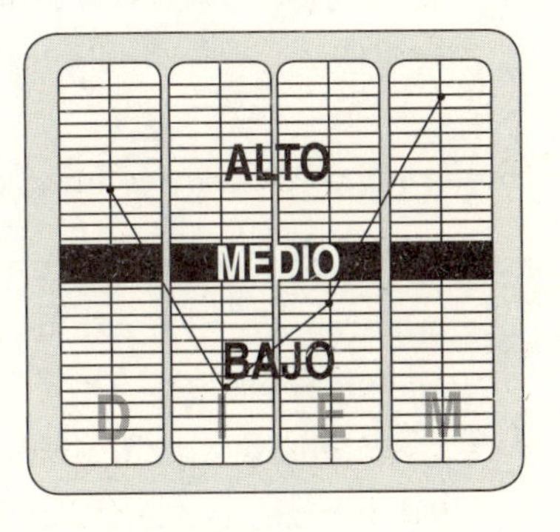

Fortalezas:

- Pasa fácilmente de una tarea a otra
- Hace que las nuevas ideas funcionen
- La creatividad lo llena de energía

Retos:

- Resistir la impulsividad
- Combatir el aburrimiento
- Ser solidario con los demás

Cómo sacar el mejor provecho de su perfil de innovador:

- Evite los proyectos que requieran actividades repetitivas o triviales.
- Impóngase el contacto con personas distintas de usted, aún si no gusta de ellas.
- Cuando dé retroalimentación a sus colegas, preste atención al tono y la manera como lo hace. Concéntrese en combinar las emociones con el profesionalismo, por ejemplo, la amabilidad o la empatía con la crítica objetiva.

Sugerencias para conectarse con un innovador:

- No se alarme por el entusiasmo que los innovadores muestran como respuesta a una nueva idea o concepto que los emociona.
- Asegúrese de que los innovadores tengan la oportunidad de usar su creatividad. Mantenga una actitud abierta frente a su tendencia a desarrollar nuevas maneras de hacer las cosas.
- Cuando trabajan como miembros de equipo en un proyecto, a veces los innovadores ponen en peligro las relaciones interpersonales para mostrar su carácter único y sus altos estándares. Si usted decide discutir este comportamiento con ellos, lo mejor es hacerlo en privado.

El *investigador*

Como investigador, casi todo lo que usted hace está caracterizado por una confianza total en la lógica y la razón para resolver los problemas, y por un deseo inquebrantable de terminar completamente un proyecto sin dejar cabos sueltos. Usted posee un grado inusual de determinación y se enfoca fuertemente en las tareas. No le importa trabajar solo para lograr las metas y es firme en sus creencias sobre lo que funciona y lo que no. Sólo 4% de la población comparte este perfil incluyendo a los famosos cazadores de datos Warren Buffett y Jonas Salk.

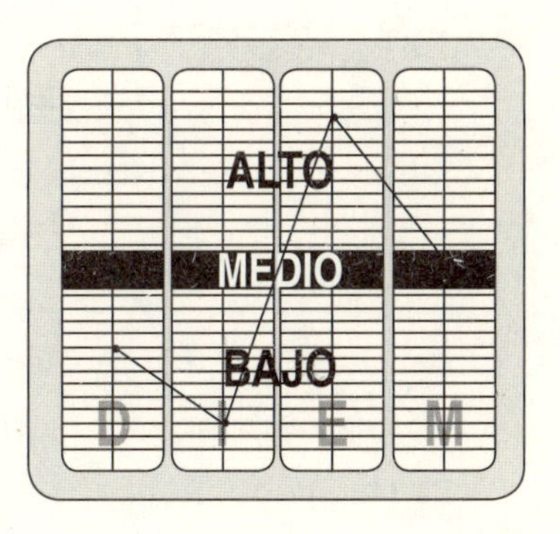

Fortalezas:

- Termina las tareas sin dejar cabos sueltos
- Usa la lógica y la razón
- Tiene confianza en sí mismo

Retos:

- Expresar emociones

- Confiar en su intuición
- Aceptar el cambio

Cómo sacar el mejor provecho de su perfil de investigador:

- Debido a su naturaleza discreta y calmada, los demás pueden interpretar su estilo como frío o indiferente. Sin embargo, puede cambiar esta percepción explicando su pasión por los hechos y la información objetiva.
- La lógica y la razón lo atraen más que la emoción y los sentimientos, por lo cual debe buscar tareas que requieran enfocarse en datos y razonamiento analítico para interpretar problemas y divisar soluciones.
- La gente lo ve como una persona racional y rigurosa, así que no se sorprenda cuando se le acerquen para poner a prueba su manera de pensar o la de otra persona. Tenga cuidado de no dar su retroalimentación de manera demasiado severa; de lo contrario, logrará desalentar a quienes lo buscan.

Sugerencias para conectarse con un investigador:

- Cuando le presente una idea u opinión a un investigador, asegúrese de respaldar su posición con datos sólidos.
- Los investigadores necesitan metas claramente definidas y un plan organizado para trabajar con eficacia en un proyecto.
- Tendrá mucha mejor suerte si intenta vencer a un investigador con razonamiento lógico que con un despliegue de emociones.

El *motivador*

Es sociable y encantador; con su "don de gentes" se gana fácilmente a la gente. En situaciones difíciles, lo motiva el deseo de producir un resultado satisfactorio para todas las partes involucradas y por lo general logra este objetivo mediante su habilidad para reconocer la necesidad de considerar diferentes perspectivas. Le da gran valor al hecho de ser aceptado por los demás y por lo tanto las personas negativas llaman de inmediato su atención. El motivador es uno de los perfiles más comunes puesto que lo comparte 13% de la población. Algunos motivadores famosos son Ronald Reagan y Jesse Jackson.

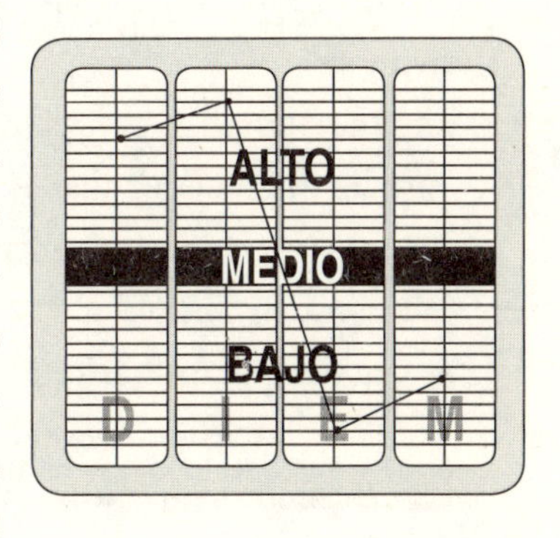

Fortalezas:

- Logra convocar a la gente
- Demuestra tener habilidades verbales
- Tiene carisma

Retos:

- Establecer límites con las demás personas
- Administrar su tiempo
- Manejar a las personas negativas

Cómo sacar el mejor provecho de su perfil de motivador:

- Debido a su sociabilidad y encanto, la gente tiende a verlo rápidamente como un amigo. No se sorprenda cuando personas recién conocidas reaccionen de esa manera.
- Impulse tareas o proyectos utilizando sus habilidades verbales bien desarrolladas para integrar a los miembros del equipo y hacerlos sentir acogidos.
- A la gente le gusta trabajar con usted debido a su instinto natural para saber qué los motiva. Preste atención a las necesidades de los miembros de su equipo y use ese conocimiento para promover lealtad.

Sugerencias para conectarse con un motivador:

- Los motivadores son afables y fáciles de elogiar. No se abstenga de expresar su entusiasmo y afecto.
- Cuando los miembros de un equipo no se lleven bien, un motivador y un aliado serán buenos elementos para el equipo y llevarán al grupo a resolver el conflicto.
- Cuando otras personas lo confundan, pídale a un motivador que lo oriente, pues su intuición seguramente le ayudará a entender las motivaciones y preferencias de los demás.

El *oportunista*

Usted es independiente y le gusta ser innovador en su trabajo. No permitirá que nada se interponga en su camino para hacer un trabajo bien y a tiempo. Usted se centra fuertemente en la responsabilidad personal y, por lo tanto, no es sorprendente que exija los mismos altos estándares para los demás. Por tratarse de uno de los perfiles más raros, usted comparte su tipo de personalidad con sólo 2% de la población. Algunos oportunistas famosos son Teddy Roosevelt y Henry Ford, conocidos por su gran capacidad de trabajo, confianza en sí mismos, innovación y su disposición a ir contra la corriente.

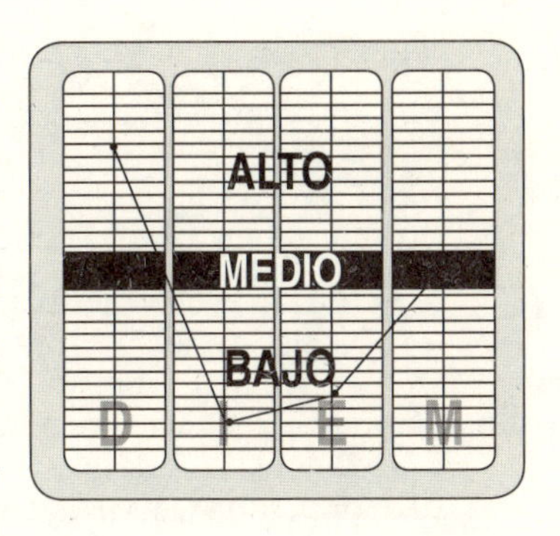

Fortalezas:

- Propone soluciones originales
- Resuelve los problemas con ingenio
- Cumple a cabalidad con los cronogramas establecidos

Retos:

- Trabajar y colaborar en grupo

- Respetar las tradiciones
- Manejar la rutina

Cómo sacar el mejor provecho de su perfil de oportunista:

- Dese el tiempo para reconocer las contribuciones de los demás. Si no lo hace, su autosuficiencia puede alejar a las personas cuyos esfuerzos son valiosos.
- Su fuerte motivación a obtener resultados lo puede llevar a cometer descuidos en el control de calidad. Busque el apoyo de personas meticulosas que le puedan ayudar a monitorear al detalle los diversos puntos de calidad de un proyecto.
- Busque tareas que lo reten a usar su creatividad en la solución de problemas pero que no sean rutinarias.

Sugerencias para conectarse con un oportunista:

- Los oportunistas tienden a evadir las actividades en grupo y prefieren trabajar individualmente en proyectos o problemas. Deles un espacio para utilizar esa tendencia.
- Los oportunistas rara vez confían en los métodos tradicionales para resolver problemas y se revitalizan al descubrir una manera creativa de afrontar un reto.
- Los oportunistas son una buena opción para ayudar a un equipo de trabajo a cumplir con las fechas límite, ya que tienen la capacidad de ver los obstáculos que pueden retrasar el trabajo del grupo.

El *patrocinador*

Hace amigos con facilidad y valora conocer a muchas personas de diferentes ámbitos. Le gusta establecer nexos con la gente para propósitos laborales y sociales, y también disfruta construir su propio grupo de amigos. A veces se pierde en la conversación; le gusta demostrar su aprecio por las personas que lo rodean. Busca activamente oportunidades para socializar, lo cual lo lleva a participar en una variedad de grupos sociales informales. El patrocinador es el perfil más común, a pesar de que sólo lo comparte 16% de la población. Entre los patrocinadores famosos están George Burns y Shaquille O'Neal.

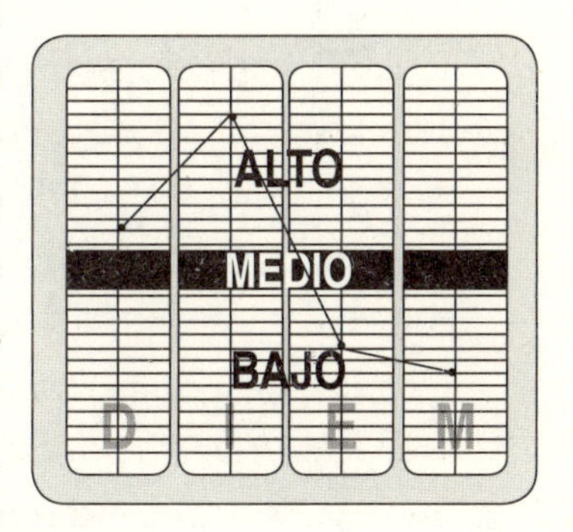

Fortalezas:

- Muestra en público el aprecio por el trabajo de los demás
- Es experto en todas las formas de comunicación
- Fomenta la armonía con los demás

Retos:

- No perderse en la conversación
- No comprometerse excesivamente
- Llevar a término lo que inicia

Cómo sacar el mejor provecho de su perfil de patrocinador:

- Usted disfruta hablar con los demás y busca la oportunidad de hacerlo, a veces perdiendo su enfoque en determinada tarea o proyecto.
- No subestime la facilidad con que hace amistades y contactos a través de su estilo amigable y extrovertido. Este es un rasgo que los demás aprecian.
- Tiende a comprometerse con tareas que no son realistas dado lo apretado de su agenda. Lleve un registro de sus compromisos para estar seguro de que no promete demasiado. Esto creará confianza y confiabilidad a los ojos de los demás.

Sugerencias para conectarse con un patrocinador:

- Sea generoso con sus elogios. A los patrocinadores les encanta saber que su trabajo es apreciado.
- Los patrocinadores son fácilmente aceptados en diferentes círculos sociales y son personas que entran fácilmente a un nuevo grupo.
- El optimismo de un patrocinador siempre es bienvenido en los momentos de tensión que inevitablemente surgen en los grupos.

El *promotor*

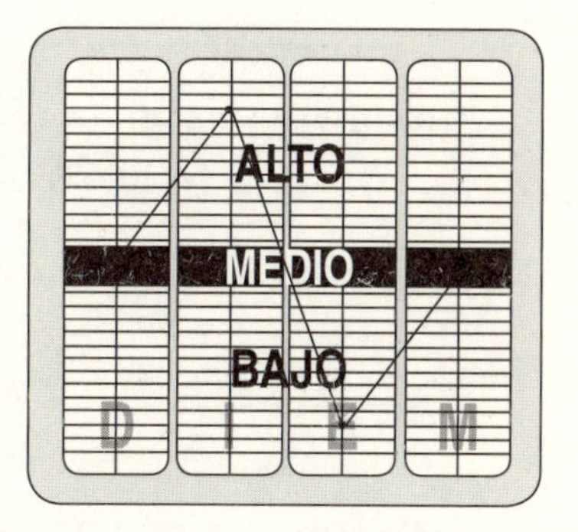

Su naturaleza extrovertida y amigable facilita que la gente lo siga como líder. Se interesa genuinamente por las personas que lo rodean y la gente aprecia esa disposición. Le gusta ser exigente consigo mismo y participar en tareas desafiantes; con frecuencia logra sus objetivos. ¿Por qué? Usted posee un optimismo innato frente a la adversidad que le permite superar los desafíos. Su perfil es raro; sólo 3% de la población lo comparte. Entre las personalidades famosas que comparten su tipo de personalidad están Oprah Winfrey y John F. Kennedy.

Fortalezas:

- Vende (ideas, productos o servicios)
- Hace que las cosas sean divertidas
- Tiene confianza en sí mismo

Retos:

- No confiar en la persona equivocada

- No dejarse atrapar en ambientes estáticos y rutinarios
- No ser tan indeciso

Cómo sacar el mejor provecho de su perfil de promotor:

- Su optimismo y entusiasmo son bienvenidos en casi todas partes. No tenga miedo de mostrarlos.
- Su estilo categórico, combinado con su actitud abierta y sociable, se puede usar de manera efectiva para ganar la posición de autoridad que usted desee.
- Cuando lidere un nuevo proyecto, reúna datos y hechos para sustentar su plan. Esto reforzará su credibilidad y le ayudará la próxima vez que necesite vender una gran idea.

Sugerencias para conectarse con un promotor:

- Los promotores tienen una personalidad inspiradora y persuasiva que los hace ideales para empujar a otros a alcanzar los objetivos deseados. Asegúrese de darles esta oportunidad siempre que sea posible.
- Los promotores son particularmente hábiles para abrir el diálogo con nuevos miembros de un equipo, o con clientes existentes o potenciales, para persuadirlos de que trabajen con usted.
- Debido a su deseo de confiar en los demás, los promotores pueden ser indecisos en situaciones particularmente estresantes. En este caso será necesario presionarlos para que adopten una posición.

El *tutor*

Su satisfacción más profunda proviene de ayudar a los demás a dar lo mejor de sí. De manera desinteresada, usted cede su tiempo para desarrollar las fortalezas de otras personas y ayudarlas a alcanzar su máximo potencial. Valora las relaciones duraderas y significativas que se construyen fácilmente con ayuda de su política de puertas abiertas y oído atentos. Sugiere posibles soluciones a los problemas cuando se lo piden pero en últimas deja que los demás tomen sus propias decisiones. Usted es confiado y siempre busca y destaca la bondad que hay en los demás. El 9% de la población comparte este perfil. Entre los tutores famosos están Phil Jackson y Peter Drucker.

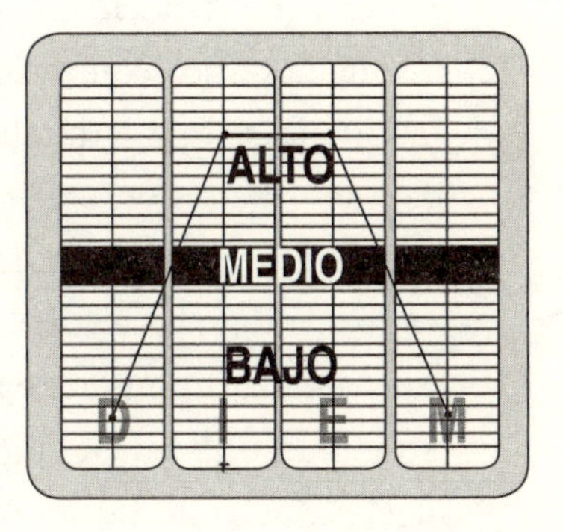

Fortalezas:

- Entiende las motivaciones y preferencias de los demás
- Sabe aprovechar el potencial de los demás
- Construye relaciones de camaradería

Retos:

- Sacar el tiempo para mantener los proyectos en marcha
- Decir la verdad aunque sea dolorosa
- Manejar personas con bajo desempeño

Cómo sacar el mejor provecho de su perfil de tutor:

- Manténgase enfocado en las tareas. Si no lo hace, puede perderlas de vista fácilmente y afectar su desempeño.
- Asuma la crítica como algo constructivo para desarrollar sus fortalezas. Aunque otras personas no siempre son tan expertas en dar retroalimentación como usted, escucharlas con tranquilidad creará mayor sentido de confianza y cooperación.
- Las personas improductivas pueden ser un reto importante para usted dado su poco interés en imponer sus sugerencias a los demás. Cuando trate con este tipo de personas, intente entender su punto de vista antes de confrontarlas con estándares inflexibles.

Sugerencias para conectarse con un tutor:

- ¿Necesita sentirse estimulado? Hable con un tutor. Los tutores siempre están dispuestos a destacar los logros individuales.
- Un tutor siempre va a necesitar un empujoncito para mantenerse enfocado en las tareas; también necesita de la gente.
- Un tutor es la persona ideal a la cual recurrir cuando necesite vencer retos y obstáculos en su trabajo.

5. Manejo de los catorce tipos

A LO LARGO DE SU CARRERA, Elise ha trabajado en diferentes ambientes muy exigentes, pero las nueve semanas que pasó en una pequeña isla del Pacífico, a unos 1100 km de la civilización, fueron el tope. Elise trabajaba con un grupo de siete biólogos marinos con quienes pasaba los días estudiando la foca monje –una especie en vía de extinción de Hawái– y las noches, en las ruinas de lo que había sido el cuartel de la guardia costera. Durante más de dos meses, su única forma de comunicación con el mundo exterior era un radio de dos bandas antediluviano. Como la mayoría de los grupos de trabajo, el equipo contaba con un líder que dirigía y orientaba a los demás. Y al igual que sucede en cualquier equipo, dicha orientación tenía poco que ver con las tareas del grupo. El trabajo del líder era lograr que los miembros del equipo trabajaran conjuntamente como un grupo cohesionado. Los gerentes exitosos no dejan este proceso al azar. Al escuchar a Elise contar su historia, el conflicto potencial entre los miembros del grupo parecía más grave que cuando la persiguió en el agua un tiburón tigre de casi 4 metros de longitud. "Teníamos que permanecer al rayo del sol todo el día observando animales que nos producían miedo –rodeados además por sus depredadores que fácilmente nos podrían matar o mutilar– y luego trabajar en la noche limpiando, organizando y protegiendo los equipos... En estas circunstancias, las relaciones interpersonales quedaban relegadas a un segundo plano". Los mayores desafíos no eran el cansancio producido por el calor, ni la amenaza de un maremoto inminente, ni la supervivencia de una pequeña cría de foca que había perdido una aleta luchando contra un tiburón hambriento; la adversidad estaba en tener que trabajar con las mismas personas todos los días dentro de los confines de la isla. "Todo se redujo a tener que darnos cuenta de que éramos nosotros y nadie más. Sólo aferrándonos a las metas que compartíamos, reconociendo el lado humano de nuestra experiencia y descubriendo lo que teníamos en común pudimos afrontar los conflictos que surgieron. Tener un tutor tan maravilloso allí con nosotros para guiarnos fue muy importante y decisivo".

El conflicto entre los seres humanos es una parte inevitable del trabajo y, al igual que la aleta de tiburón que se ve a lo lejos desde la superficie del agua, su presencia tiene señales de advertencia. Los gerentes exitosos eliminan toda probabilidad de conflicto prestándoles atención a estas señales, mirando en el interior de su grupo y esforzándose por entender las diversas personalidades que se sientan a la mesa. Entender a los miembros de un equipo hace mucho más que evitar un conflicto; permite usar las fortalezas de cada uno para alcanzar los mejores resultados posibles. Como vimos en el Capítulo 2, las personas no desarrollan de manera natural una compresión objetiva de sus fortalezas. Un gerente o líder que eduque y entienda a su equipo tiene una influencia poderosa y duradera en el éxito del grupo. Pero ¿cómo puede un gerente lograrlo cuando las fechas de entrega siempre están encima y los cronogramas de trabajo siempre están atiborrados de tareas? El primer paso es evaluar la personalidad de cada miembro de su equipo. (Puesto que ninguno de los 14 tipos de personalidad es mejor que otro, no tendría por qué generar recelos). Conozca el perfil de cada miembro de su equipo estudiando las principales características que definen a cada tipo de persona (ver Capítulo 4). Aún en un contexto laboral altamente especializado, es improbable que un equipo esté conformado por más de dos personas que compartan el mismo tipo de personalidad. Si usted tiene un equipo de siete personas o más, probablemente tendrá que conocer como mínimo cinco perfiles (en promedio hay cuatro perfiles por cada cinco miembros de un equipo). Las estrategias señaladas en lo que resta de este capítulo le mostrarán las especificidades para manejar cada uno de los 14 perfiles de personalidad. A menos que tenga un equipo pequeño, esta información es mucho más de lo que usted puede retener en una sola leída; por lo tanto, hemos resumido la información en pequeñas listas que le facilitarán su consulta cuando sea necesario.

Las estrategias que se señalan para cada tipo de personalidad le ayudarán a hacer dos cosas importantes. Primero, relacionarse con cada miembro del equipo con base en los rasgos de personalidad que determinan la esencia de su comportamiento. Estas estrategias le servirán a diario pero serán cruciales en momentos de mucho estrés, cuando las personas se vuelven inflexibles (pues se refugian en los parámetros esenciales de sus personalidades ya fijas). Su trabajo es reconocer este fenómeno y entender qué motiva este comportamiento a veces inescrutable. Un gerente sólo es efectivo cuando puede abordar a los miembros de su equipo de manera constructiva y directa. Las personas sólo seguirán su dirección cuando se sientan comprendidas.

La segunda ganancia importante que usted obtendrá tiene que ver con los roles para los cuales cada tipo de personalidad es más apropiado. Usted aprenderá a utilizar las fortalezas únicas de cada persona para hacer que el grupo en su totalidad sea exitoso. Estas estrategias se centran en el cargo real que las personas ocupan, en los roles que usted les asigna para ayudar al grupo a realizar una tarea, y en los rasgos en que usted puede confiar para motivar a cada miembro del grupo individualmente a lograr sinergia y cooperación.

La tabla que aparece en la página 93 contiene una lista de los 14 tipos de personalidad e indica la tendencia general de las personas a caracterizarse, en mayor o menor medida, con cada uno de los cuatro rasgos de personalidad DISC, dependiendo de su tipo. Fotocopie esta tabla o bájela del sitio Web de este libro (**www.personalitycode.com/spanish**), resalte los perfiles de los miembros de su equipo y manténgala a mano como una foto instantánea de su grupo. A final de cuentas, su trabajo es cuidar de su equipo: ayudar a cada miembro a ser tan eficiente como sea posible en su trabajo.

NOMBRE DEL MIEMBRO DEL EQUIPO		DOMINANTE	INTER-PERSONAL	ESTABLE	METICULOSO
	ALIADO	MENOS	MÁS	MÁS	MENOS
	ARQUITECTO	MENOS	MENOS	MÁS	MÁS
	TUTOR	MENOS	MÁS	MÁS	MENOS
	DETECTIVE	MENOS	MENOS	MENOS	MÁS
	DIPLOMATICO	MENOS	VARIABLE	MÁS	MENOS
	EMPRENDEDOR	MÁS	MENOS	MENOS	MENOS
	EXPERTO	MENOS	MÁS	MENOS	MÁS
	INNOVADOR	MÁS	MENOS	MENOS	MÁS
	PROMOTOR	MÁS	MÁS	MENOS	MÁS
	MOTIVADOR	MÁS	MÁS	MENOS	MENOS
	OPORTUNISTA	MÁS	MENOS	VARIABLE	MENOS
	INVESTIGADOR	MENOS	MENOS	MÁS	MENOS
	PATROCINADOR	MENOS	MÁS	MENOS	MENOS
	ESTRATEGA	VARIABLE	MÁS	MENOS	MÁS

Utilice esta tabla para tener una foto instantánea de las personalidades que hay en su equipo y manténgala a mano para usarla como una referencia rápida. Las columnas muestran en qué grado las personas de cada perfil tienden a demostrar cada uno de los rasgos de personalidad DISC. Puesto que la tabla es una referencia rápida, no registra todas las variaciones vistas en los 14 tipos de personalidad. Para afinar la comprensión que usted tiene de su equipo, pídale a cada miembro que comparta su informe IDISC con usted y anote qué tan alto, moderado o bajo tiene cada rasgo de personalidad.

Cómo interactuar con un *aliado*

- El aliado tiene dificultad para mantenerse motivado cuando trabaja solo. Recuerde que no se trata de un problema de ética laboral sino de la energía que deriva de estar en presencia de otras personas. El gusto del aliado por trabajar en grupo es esencial para su bienestar. Tenga esto en cuenta cuando escoja las tareas que le asigne.

- El aliado tiene una capacidad inusual para discernir lo que es verdaderamente importante para la gente y para escuchar de una manera que muy pocos pueden hacerlo. En consecuencia, el aliado recoge todo tipo de información sobre lo que realmente es importante para las otras personas. ¿Necesita una buena idea para ayudar a que alguien se sienta apreciado? Piense en pedirle consejo a su aliado en el equipo.

- Sea cuidadoso al dar retroalimentación. Un aliado es más propenso que la mayoría de los otros tipos de personalidad a tomar sus sugerencias como críticas. El truco está en ser selectivo con lo que dice puesto que un aliado toma muy en serio sus palabras.

- Si usted vive y/o trabaja con un aliado, recuerde que él/ella puede tener dificultad para hacer valer sus ideas. A veces esto puede ser obvio para usted pero en otras ocasiones se puede sentir frustrado con su aliado e incluso no darse cuenta (sin pensar en ello) de que hay algo que no le está diciendo. Esto no es intencional. Es simplemente el resultado de la tendencia del aliado a poner las necesidades de los demás por encima de las propias. Un poco de ayuda para que él/ella diga lo que piensa puede ser muy útil en el momento correcto.

- El comportamiento grosero y excesivamente desparpajado le molesta profundamente al aliado porque es la antítesis de sus valores más profundos. Así que no se sorprenda si se lo toma a pecho.

Cómo interactuar con un *arquitecto*

- El arquitecto necesita tener fechas específicas y expectativas claras para poder trabajar de manera eficaz. Su objetivo último es hacer las cosas bien y necesita claridad para poder determinar el camino correcto para llevar a cabo una tarea. El arquitecto logra su desempeño óptimo en un ambiente estable y estructurado.

- Un arquitecto es bueno para posponer una gratificación, habilidad poco común a la que usted puede recurrir cuando la situación lo amerite. Aunque es detallista y creativo en su forma de pensar, es analítico y está tan orientado por las metas que puede vislumbrar las consecuencias cuando las cosas se ponen difíciles.

- Los arquitectos son excelentes para garantizar la optimización de operaciones y procedimientos, lo mismo que el cumplimiento de estándares y normas establecidas. Si todavía no tiene a un arquitecto trabajando en un cargo de operaciones o de supervisión, este tipo de persona es muy adecuada; se exige al máximo y trata de desempeñar este tipo de funciones.

- Para los arquitectos la precisión está por encima del cumplimiento de una fecha límite. Asegúrese de que el arquitecto tenga suficiente tiempo para hacer bien una tarea.

- Al interactuar con un arquitecto es muy importante que usted cumpla sus promesas. No hacerlo minará la confianza que él/ella tiene en usted.

- El desafío más grande para un arquitecto es aprender a confiar en su intuición. Puesto que cada decisión no puede pensarse tanto como él/ella quisiera, seguramente usted tendrá que trabajar muy de cerca con el arquitecto y manejar activamente sobre su desempeño para asegurarse de que sea capaz de confiar en su intuición en situaciones en las que no hay otra opción.

Cómo interactuar con un *detective*

- Un detective siempre está dispuesto a sacar el tiempo necesario para explorar los hechos –sin importar cuán oscuros sean– y llegar al fondo de un asunto. Esta es una habilidad inusual a la que usted debería recurrir cuando la situación lo amerite.

- Cuando le dé retroalimentación a un detective, tenga en cuenta que él/ella se siente bastante incómodo con la idea de mostrar fallas en su trabajo. Su total dependencia de la lógica y la razón no le permite sentirse cómodo cuando esta lógica falla. Lo mejor sería que usted pudiera explorar futuras estrategias para mejorar la capacidad del detective para recolectar datos y tomar decisiones en lugar de resaltar sus errores.

- Un detective es la persona apropiada para el desarrollo de planes y estrategias. Tiene mucha habilidad para anticipar retos y encontrar soluciones. Permitirle participar en proyectos o en sesiones de planeación estratégica es una decisión que puede ayudarlo a mejorar su capacidad de liderazgo.

- Un detective es más eficiente cuando realiza unas tareas en grupo y otras individualmente. La principal razón por la que un detective trabaja solo es su necesidad de recoger hechos antes de formarse una opinión sólida. Cuando explora un tema con el resto del equipo, por lo general querrá investigar un poco de manera independiente y luego devolverle esa información al grupo en discusiones posteriores.

- Un detective no es propenso a mostrarse y eso puede dar la sensación de querer mantenerse a distancia de los demás miembros del equipo. Usted tendrá que prestarle atención a esto y aconsejarle que comparta más para que se gane la aceptación del resto de equipo.

Cómo interactuar con un *diplomático*

- Cuando usted quiera saber lo que un diplomático está pensando, simplemente tendrá que preguntárselo. Si un diplomático considera que reservarse su opinión contribuye a que haya armonía, eso es lo que hará. Su usted le pregunta qué piensa, generalmente se lo dirá porque en su espíritu de cooperación no está el no hacerlo.

- Un diplomático prefiere el progreso sistemático y controlado para lograr un objetivo. Si usted quiere obtener lo máximo de un diplomático, asígnele tareas cuyos resultados sean coherentes y medibles, con poca probabilidad de cambio o giros inesperados.

- Si usted quiere saber lo que los miembros del equipo están pensando y sintiendo, pregúntele a un diplomático. Él tiene la habilidad para relacionarse con casi cualquier perfil de personalidad y los miembros de su equipo considerarán que su estilo es cálido y acogedor. Es buen escucha, se interesa genuinamente en lo que los demás tienen que decir y tiende a medir el pulso de la opinión del grupo.

- Un diplomático necesitará de su orientación y apoyo para defender sus ideas y obtener el reconocimiento que su trabajo merece. Esto resulta esencial para los diplomáticos que están en las primeras etapas de su carrera. Sin su apoyo, es probable que la naturaleza modesta del diplomático impida que los demás entiendan la naturaleza de sus talentos y la profundidad de su conocimiento y experiencia, en detrimento del desempeño del grupo.

- A un diplomático no le gustan las sorpresas. No le suelte las cosas de buenas a primeras si quiere ganarse su apoyo. Cuando necesite que un diplomático tome una decisión que tenga implicaciones a largo plazo para su carrera, asegúrese de darle suficiente tiempo para que evalúe las alternativas y escoja la mejor.

Cómo interactuar con un *emprendedor*

- La energía de un emprendedor proviene de mover fronteras y llevar las cosas al siguiente nivel. Por eso se aburre rápidamente y lo atrae la novedad en su trabajo. Asígnele tareas en consecuencia y verá el derroche de energía que experimenta cuando se siente en su estado óptimo.

- La tendencia del emprendedor a mover fronteras puede generar problemas si no se controla. Tal vez usted tenga que intervenir para ayudarle a entender cuándo se está arriesgando demasiado.

- Esté siempre dispuesto a elogiar a un emprendedor, especialmente cuando invierta un esfuerzo adicional en un proyecto (por ejemplo, llegar temprano o trabajar horas extras). A los emprendedores les gusta que se reconozca su esfuerzo.

- El emprendedor es intrépido y carismático cuando cree en algo. Esta cualidad puede hacer de él/ella un vendedor exitoso.

- El autocontrol y la paciencia no son los rasgos más fuertes de un emprendedor. Sus colegas tendrán dificultad para entender por qué necesita moverse tan rápido.

- Cuando la mayoría de las personas están convencidas de que algo "no se puede hacer", el emprendedor se muere por demostrarles que están equivocadas. Esto se traduce en un deseo por ver terminadas cosas que otros consideran increíblemente difíciles y esta es una buena manera de hacer un aporte único al grupo.

Cómo interactuar con un *estratega*

- El estratega es el más raro de los 14 tipos de personalidad, pues sólo se ven en 1% de la población. Si usted cuenta con un estratega en su equipo, asegúrese de ponerlo en un cargo que capitalice su extraordinaria capacidad visionaria. Para algunos gerentes, esta habilidad puede ser difícil de ver, especialmente en un empleado que esté en las primeras etapas de su carrera. Recuerde que aún los más grandes estrategas tienen que empezar en alguna parte.

- Un estratega vacila al tener que discutir y abordar un conflicto con otros miembros del equipo. Esto puede llevar fácilmente a problemas enconosos y usted tendrá que intervenir y asesorar al estratega en la manera de abordar los asuntos interpersonales de forma asertiva antes de que exagere todo.

- El estratega es experto en planear y crear el camino que los demás deben seguir. Es la persona adecuada para roles de liderazgo porque su extraordinaria habilidad para pensar unos cuantos pasos adelante le evita dolores de cabeza al resto del equipo y le permite ganar su confianza.

- Un estratega puede pasar abruptamente de ser extrovertido y amigable a ser crítico e impaciente cuando siente que la gente se está aprovechando de él. Así como le gusta proponer planes de acción claros, se molesta cuando la gente confía totalmente en sus opiniones y le delega toda la responsabilidad. Tendrá que ayudar al estratega a evitar su crítica aguda; el mejor camino para lograrlo es explicarle que esta tendencia debilita al equipo en vez de fortalecerlo.

Cómo interactuar con un *experto*

- No tenga miedo de desafiar a un experto con el desarrollo de conocimiento en un nuevo tema o campo. Un experto atrapa las ideas al vuelo. Sin embargo, también tiende a ser exigente consigo mismo, lo cual puede hacer que se resista a incursionar en un área desconocida. Su trabajo es garantizar la asignación de estas tareas, con lo cual pondrá a trabajar las excelentes habilidades del experto para resolver problemas más allá de una disciplina única y limitada.

- Un experto es el crítico más duro de sí mismo. Le encanta aprender y trabajará fervorosamente para mejorar. Usted tendrá que trabajar un poco más cuando le dé retroalimentación para asegurarse de que realmente él/ella escucha y entiende cuánto se aprecia su esfuerzo.

- Un experto generalmente tiene dificultad para delegar. Su deseo de tener el domino técnico de su trabajo puede opacar los aportes de los demás, ya que no le gusta correr el riesgo de que alguien más termine la tarea. Cuando esto suceda, haga que el trabajo delegado forme parte de lo que el experto tenga que hacer, y que supervise su correcto desempeño. Esto generará confianza en los miembros del equipo.

- Las personas generalmente recurren al experto para obtener respuestas porque saben que él/ella es fuente de datos e información. Haga que el experto desarrolle un sistema para capitalizar y compartir el conocimiento que acumula.

- Aunque el experto es perfeccionista, es informal y fresco en los contextos sociales. Odia tanto el conflicto que a veces cae en la pasividad aún en situaciones que merecen ser enfrentadas. Oriéntelo para abordar a la gente de manera asertiva cuando la situación lo exija, para que no permita que le pasen por encima.

Cómo interactuar con un *innovador*

- La energía de un innovador se dispara cuando es capaz de hacer que la savia de la creatividad fluya. Asígnele tareas que le exijan buscar nuevas formas de entender e interpretar las cosas y usted recogerá los frutos de este increíble aumento de energía.

- Los innovadores generalmente tienen dificultad para mirar a los ojos a los miembros del equipo que tienen personalidades opuestas; esto fácilmente puede llegar al punto en que usted tenga que intervenir y supervisar su desempeño. Cuando esto suceda, rete al innovador a encontrar la manera de interactuar con los miembros del equipo que vean el mundo de una manera distinta y luego haga que él/ella asimile esa diferencia de criterio.

- Un innovador puede pasar fácilmente de una tarea a otra, así que puede confiar en él/ella para iniciar un nuevo proyecto cuando otros miembros del equipo se muestren indecisos.

- Evite asignarle al innovador proyectos que requieran actividades rutinarias. Él/ella se aburre fácilmente de ellas y carece de la energía necesaria para hacerlas bien.

- Un innovador puede trabajar bien individualmente y por lo general emplea mejor su tiempo de esta manera. Es fácil que pierda la motivación si tiene que considerar constantemente las preocupaciones del resto del equipo.

- Rete al innovador a aceptar la paciencia como un componente importante del proceso creativo. De lo contrario, tendrá problemas para armonizar con el resto del equipo.

- Cuando le dé retroalimentación a un innovador, tendrá mejor suerte haciendo sugerencias que correcciones. El innovador tiende a defender con vehemencia sus ideas.

Cómo interactuar con un *investigador*

- No espere decisiones rápidas de un investigador; él/ella necesita tiempo para recolectar información antes de sentirse cómodo para dar su opinión.

- Tenga cuidado de no poner al investigador en una posición en la que tenga que reaccionar constantemente al cambio. Un investigador se desempeña mejor en un ambiente estable.

- Cuando se requiera persistencia, un investigador será la columna vertebral de un equipo para un proyecto. Los investigadores poseen un grado inusual de tenacidad y les gusta ver las tareas terminadas sin cabos sueltos.

- Asegúrese de darle al investigador oportunidades para demostrar su experiencia y conocimiento. Esas oportunidades son supremamente motivantes y gratificantes para su trabajo.

- Los investigadores necesitan tener metas claramente definidas y un plan organizado para mostrar lo mejor de sí. Tenga esto presente siempre que le asigne un trabajo y cuando le solicite apoyo para una iniciativa.

- Cuando tenga un investigador que no esté siendo muy productivo o que necesite desarrollar una nueva habilidad, trabaje con él/ella para desarrollar un plan de acción detallado que recoja los pasos específicos que debe dar para cumplir con el objetivo. Pídale informes de avance con regularidad; esto le permitirá obtener información sobre las acciones y los cambios que se llevan a cabo.

- Es fácil que los demás miembros del equipo vean al investigador como una persona fría o indiferente debido a su naturaleza discreta y calmada. Tal vez usted deba aconsejarle que le explique al resto del equipo su pasión por los datos y la información.

- Cuando le presente una idea u opinión a un investigador, asegúrese de sustentar su posición con datos sólidos. Tendrá mejor suerte y se ganará más fácilmente la simpatía de un investigador usando la lógica y la razón que con demostraciones carismáticas de emoción.

Cómo interactuar con un *motivador*

- El motivador tiene una personalidad persuasiva y gran "don de gentes". Puede ganarse fácilmente a la gente con su carisma y su dominio verbal, lo cual lo hace un buen candidato para cualquier tarea que requiera vender. Hay que entender que esas habilidades no son útiles únicamente para las ventas en el sentido tradicional; el motivador puede proporcionar un argumento persuasivo en cualquier momento en que sea necesario convencer de algo a alguien.

- Imponer restricciones artificiales de tiempo y horario a un motivador es una manera segura de aislarlo. El motivador trabaja mejor cuando tiene un sentido claro de control sobre cuándo y cómo hacer las cosas.

- Cuando le dé retroalimentación a un motivador, recuerde que él/ella le da gran valor a ser aceptado. Puede aceptar la crítica constructiva pero usted debe tener cuidado de no hacerlo sentir que se desconfía de su juicio o que se cuestiona la calidad de su carácter.

- Los motivadores tienden a medir el pulso de las perspectivas individuales en un grupo. Asegúrese de valorar esta información ya que usted puede utilizar esta habilidad de entender al equipo para saber qué motiva a sus miembros y así fomentar la lealtad.

- Los motivadores son alérgicos a los datos y al análisis profundo. Usted obtendrá lo mejor de un motivador si lo ayuda a deshacerse de esas tareas.

- Los motivadores son tan entusiastas y elogiosos que la gente puede pensar fácilmente que no es necesario devolverles un favor. Sea generoso con sus elogios y no esconda su entusiasmo. Un motivador es afable y fácil de elogiar.

Cómo interactuar con un *oportunista*

- Un oportunista es un pensador creativo que no permite ningún obstáculo en el logro de lo que se propone. El oportunista se centra fuertemente en la responsabilidad, lo cual lo hace un gran líder para proyectos que tengan cronogramas apretados.

- Cuando le delegue trabajo a un oportunista, no tendrá que invertir mucho tiempo explicándole cómo hacer las cosas, como tendría que hacerlo con otros perfiles. Un oportunista generalmente encuentra su propia manera creativa de resolver los problemas, así que usted debería invertir su tiempo convenciéndolo de por qué es importante una tarea. Después deje que él/ella ponga a funcionar su creatividad.

- Los oportunistas son, por lo general, malinterpretados. Ante los ojos de los demás miembros del equipo, pueden parecer avasalladores porque es fácil confundir su deseo de desempeño con una manera de pensar obsesiva o egoísta. Su trabajo consiste en ayudar al oportunista a entender esto y explicar sus motivaciones al grupo.

- Un oportunista por lo general tratará de esquivar las actividades en grupo y preferirá trabajar en proyectos o en problemas individualmente. Si usted quiere obtener el mejor desempeño de los miembros de su equipo que tienen este perfil, asegúrese de darles espacio para hacerlo.

- Un oportunista cuestionará el sistema y desafiará el statu quo. Es bastante escéptico frente a las tradiciones y la rutina. Mantenga abiertas las líneas de comunicación con él/ella para asegurarse de que su energía esté bien encaminada. Si no lo hace, puede descubrir que el sistema que él/ella está cuestionando es el suyo.

- Un oportunista rara vez confía en los métodos tradicionales para resolver problemas. Lo motiva el descubrimiento de formas creativas de abordar un reto. Asígnele tareas menos restrictivas y rételo a utilizar su creatividad para resolver problemas.

Cómo interactuar con un *patrocinador*

- Al patrocinador lo motiva más la gente que los logros. Eso significa que será más entusiasta y productivo cuando trabaje en un equipo en el que haya camaradería que en uno que no se lleve bien, aún si dicho equipo está a cargo de una tarea importante.

- Un patrocinador puede tener la tendencia a prometer demasiado y a comprometerse con tareas que son irreales en vista de lo apretado de su agenda. Esta es un área importante en la que usted puede ayudar al patrocinador y a la vez manejar su desempeño. Tendrá que ayudarlo a crear la responsabilidad de decir no a otros cuando ya esté comprometido.

- Un patrocinador se incorpora fácilmente a un grupo ya existente. Es bastante social y extrovertido, lo cual garantiza que sea aceptado con facilidad en una variedad de círculos.

- Un patrocinador se siente estancado al realizar tareas rutinarias y gravita hacia conversaciones en las que se pierde fácilmente. Esto lo puede desviar de un desempeño óptimo ya que todo trabajo requiere cierta cantidad de actividad rutinaria. Usted tendrá que ayudarlo a darse cuenta de esta situación, establecer expectativas claras para su trabajo y supervisar su desempeño para asegurarse de que las tareas rutinarias se llevan a cabo.

- Cuando le dé retroalimentación a un patrocinador, sea generoso con sus elogios. A él/ella le encanta saber que su trabajo es apreciado.

- Un patrocinador es bastante flexible frente al cambio y es bueno para ver el lado amable de un cambio radical de posición. Es la persona adecuada para ocupar cargos que impliquen cambios frecuentes; además, suele desarrollar un entusiasmo contagioso que les ayuda a los demás a manejar el cambio.

Cómo interactuar con un *promotor*

- Los promotores tienen una personalidad inspiradora que los hace ideales para empujar a otros a alcanzar objetivos deseados. Utilice esta poderosa habilidad tanto como sea posible.

- El promotor tiene una habilidad única para hacer coincidir a las personas con base en sus necesidades complementarias. Su perspectiva y entusiasmo para conectar a las personas es una herramienta muy valiosa que puede hacer avanzar un proyecto o una tarea importante.

- Usted se dará cuenta de que un promotor es la última persona en buscarle defectos a todo o discutir por detalles triviales. No le deje pasar por alto detalles importantes cuando el equipo necesite datos para sustentar su punto de vista. En muchas situaciones sus colegas no estarán satisfechos con sus sugerencias a menos que el promotor pueda suministrar datos que respalden su punto de vista.

- Un promotor confía rápidamente en los demás. Aunque esta actitud generalmente funciona, también puede llegar a ser su talón de Aquiles. El promotor necesitará ayuda para aprender a identificar el momento correcto de dar marcha atrás y evitar poner su confianza en la persona equivocada.

- La naturaleza extrovertida y amigable de un promotor facilita que la gente lo siga como líder. Los promotores tienden a ser líderes activos y comprometidos porque tienden a combinar su estilo directo con una actitud abierta y orientada a la gente.

- Un promotor es más eficiente cuando su trabajo tiene un buen equilibrio entre actividades de grupo y actividades individuales. Asegúrese de proporcionarle estas oportunidades.

- A un promotor le gusta exigirse y participar en tareas desafiantes. No tenga miedo de retarlo.

Cómo interactuar con un *tutor*

- La satisfacción más profunda de un tutor proviene de ayudar a los demás a lograr lo mejor de sí mismos. Busque oportunidades para que lo logre totalmente creando, por ejemplo, un programa de consejería o de orientación para los nuevos miembros de un equipo.

- Un tutor tiende a preferir las actividades en grupo y será más eficiente cuando haya menos tareas individuales.

- Así como a un tutor lo motiva aprovechar el potencial de los demás, su propio crecimiento profesional también es una prioridad para él/ella. Apoye su participación en asociaciones profesionales y en programas de desarrollo profesional. El tiempo y el dinero que destine en que él/ella asista a estos eventos serán una excelente inversión.

- Un tutor dedica su tiempo desinteresadamente a desarrollar las fortalezas de otras personas y ayudarlas a alcanzar su máximo potencial. Su política de puertas abiertas y oído atento puede dificultarle el cumplimiento de otro trabajo. Seguramente usted deberá estar pendiente y orientarlo para que no se salga del cronograma.

- Los tutores que son gerentes generalmente tienen dificultad para manejar a las personas poco productivas. Un tutor no trata de imponer sus sugerencias a los demás y le gusta ver que la gente asuma la responsabilidad de su trabajo. Si este es el caso, seguramente tendrá que guiar a su tutor y orientarlo en el uso de técnicas para abordar a las personas poco productivas que él/ella supervise.

6. Tipo *versus* Antitipo

JANETH Y VANESSA TIPIFICAN la madre trabajadora moderna. Habían recibido educación, estaban totalmente dedicadas tanto a su carrera profesional como a su familia y ascendían en la escala gerencial dentro de la misma compañía productora de teléfonos celulares. Ambas mujeres tenían un recién nacido en casa y planeaban trabajar medio tiempo durante varios meses hasta que se sintieran tranquilas de enviar a sus bebés a una guardería mientras trabajaban. Su compañía decidió dividir entre las dos un solo cargo de gerencia para el cual cada una debía trabajar medio tiempo. En teoría, Janeth y Vanessa tenían tanto en común que parecían la combinación perfecta: ambas tenían mucha energía, trabajaban durante largas horas y habían gerenciado grupos de trabajo con gran éxito. La novedad de la asignación hizo que su primer mes de cargo compartido fuera muy divertido. Janeth asistía el lunes y el martes, ambas compartían el miércoles y Vanessa se encargaba de las cosas el jueves y el viernes.

Pero después del primer mes las cosas empezaron a deteriorarse rápidamente. Tiempo atrás Janeth había tenido mucho éxito como líder; era una mujer de paso firme que establecía metas claras y ambiciosas para su equipo y daba mucha independencia a sus subalternos para que las lograran. Ella siguió usando esta táctica durante la mitad de la semana que le tocaba trabajar. El estilo de Vanessa que predominaba el resto de la semana era el polo opuesto al de Janeth: Vanessa era colaboradora y muy comprometida; conducía a su equipo al éxito trabajando hombro a hombro con ellos. En privado, los miembros del equipo se referían a los lunes y los martes como los "días Tipo A", los jueves y los viernes como los "días Tipo B", y los miércoles como los "días de pelea". Y es que efectivamente peleaban. Los miércoles se convirtieron en el día de los encontronazos pues las dos mujeres se esforzaban por conciliar sus estilos gerenciales. Su impotencia y resentimiento crecieron rápidamente puesto que cada gerente creía que *su* perspectiva era la *correcta.* El conflicto hizo que los miembros del equipo se distanciaran, les produjo mucha tensión a las dos gerentes y nadie salió fortalecido de la experiencia. Las ventas del grupo al final del trimestre fueron las más bajas del departamento y sólo llegaron a la mitad del volumen que cada gerente había logrado anteriormente con su propio equipo.

Choque de personalidades

Es difícil imaginar una profesión en la que el éxito no esté influenciado por la habilidad para llevarse bien con la gente. Esto es particularmente cierto en el contexto laboral de hoy, donde el trabajo en equipo es un elemento decisivo para el logro de metas. Desafortunadamente, cuando se reúne a un grupo de seres humanos, el conflicto es inevitable. No obstante, muchos roces se alimentan simplemente de una falta de comprensión entre las personas. ¿Por qué no podemos permanecer sintonizados en el trabajo? En primer lugar, nuestros cerebros asumen que las motivaciones de los demás son las mismas nuestras. Es natural dar por descontado que mis colegas piensan como yo. Si hacen algo con lo que no estoy de acuerdo, casi con seguridad considero que sus acciones son descuidadas, insensibles o totalmente equivocadas. Casi nunca pensamos en la motivación de su comportamiento. Es más fácil presumir debilidad o mala intención de su parte que detenerse a pensar y descubrir la motivación que hay detrás de sus actos. Cuando el tipo de personalidad de un colega es similar al mío –aún si no hay correspondencia exacta–, tiendo a reaccionar de la misma manera frente a las cosas y a pensar en forma similar. A medida que la brecha entre nuestras personalidades se agranda, nuestras opiniones difieren con más frecuencia. Como lo vimos en el caso de Janeth y Vanessa, el conflicto es el resultado inevitable.

Casi todos tenemos al menos una persona con la cual debemos andar con cuidado para evitar conflictos. ¿Se ha preguntado alguna vez por qué es tan difícil llevarse bien con algunas personas? Es posible que no haya correspondencia entre sus tipos de personalidades. Cada tipo tiene casi un polo opuesto que, aunque no impide que los dos se conecten, garantiza que entenderse mutuamente va a costarles un poco de trabajo. Es tentador construir un muro que nos separe de la gente que no parece compartir nuestras motivaciones y tendencias. Y cuanto más dispares sean los tipos de personalidad de dos individuos, más probable es que tengan problemas para relacionarse. En este capítulo, agrupo los 14 tipos de personalidad DISC en siete pares de opuestos. Cada uno de estos pares tipo/antitipo asocia dos perfiles cuyas motivaciones principales –la esencia de su ser, si se quiere– son fundamentalmente opuestos. La gráfica de los niveles DISC de cada tipo de personalidad –que aparece al comienzo de cada sección– ayuda a ilustrar por qué chocan. Al estudiar las explicaciones que hay detrás de cada par tipo/antitipo se entenderá por qué dos personas pueden tener tantos encontronazos y cuán fácil es evitar el conflicto. Los pares tipo/antitipo no significan necesariamente que dos personalidades tengan que chocar, pero los análisis permiten entender por qué lo hacen con tanta frecuencia. Mejor aún, los pares son una manera de entender qué aspectos del carácter humano entran en conflicto y qué se puede hacer para favorecer una conexión sólida entre ellos.

Tipo versus Antitipo		
ALIADO		OPORTUNISTA
ARQUITECTO		PATROCINADOR
TUTOR	VS	INNOVADOR
DETECTIVE		MOTIVADOR
DIPLOMÁTICO		EMPRENDEDOR
PROMOTOR		EXPERTO
INVESTIGADOR		ESTRATEGA

Los pares de tipos de personalidad que comparten una misma fila tienen tendencia a chocar. Las características predominantes de estos tipos tienden a ser contrarias y, por lo tanto, se requiere un mayor nivel de entendimiento entre las dos personas involucradas. Tendrán que hacer un mayor esfuerzo para entenderse mutuamente en comparación con el que tendrían que hacer para relacionarse con personas de cualquier otro tipo.

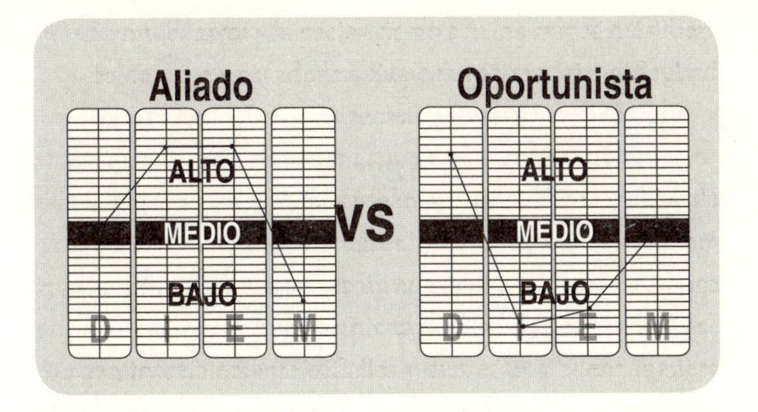

Los aliados valoran la calidad de sus relaciones por encima de todo. Saben que escuchar es una buena manera de relacionarse con la gente y han afinado esta habilidad como pocos. Quienes están cerca de un aliado reconocen rápidamente esta afinidad por lo interpersonal y confían en su oído atento cuando necesitan apoyo. Pero si en la escena entra el oportunista puede generarse conflicto, porque él/ella gasta mucha menos energía en la gente. El oportunista se siente motivado básicamente por el deseo de controlar su entorno; se centra en las tareas mientras que las necesidades de los demás son secundarias en el logro de sus propias metas e intereses. Cuando el oportunista anuncia que va trabajar solo en un nuevo proyecto y que no quiere ayuda, esto tiene que ver más con su deseo de control que con una falta de confianza en el grupo. Puesto que el aliado se centra primero en el lado social de las cosas, el comportamiento del oportunista generalmente se percibe como un ataque. Es fácil considerarlo un insulto para el grupo o un indicio de que al oportunista no le gustan sus colegas. El aliado está convencido de que este hecho es ofensivo. En cambio, un emprendedor, quien entiende la situación porque comparte un enfoque similar en las tareas, no se resiente tanto.

En realidad, ambos enfoques tienen validez pero el conflicto se crea por no considerar la perspectiva del otro. Como aliado, usted se puede alinear con el oportunista reconociendo la importancia de la tarea, sin importar la impaciencia de este último. Para él/ella, el instante de iluminación que lleva a una gran idea, también produce la sensación de perderla (él/ella necesita continuar *ya*, con o sin otras personas). Si usted es un aliado que tiene problemas con esto, no tenga miedo de buscar apoyo en los demás. La gente generalmente se refiere a usted como una persona "buena" porque usted se sale de su camino para hacer que todo el mundo se sienta apreciado y le da un valor excepcionalmente grande a ser aceptado. ¿El resultado? Usted es muy susceptible a la indiferencia y a la crítica. Es mucho mejor ser consciente de esta sensibilidad que negarla cuando entre en choque con una personalidad enfocada en las tareas. Reconocer el sentimiento cuando aparece minimiza el impacto que pueda tener en su pensamiento. Debido a que usted se sale de su camino para que la gente se sienta respetada y apreciada, a usted le irritan instintivamente las personas que hacen lo contrario. La clave para ser menos susceptible es entender que pocas personas le dan el mismo valor que usted a tratar bien a la gente.

Como aliado, bien sea que usted esté escogiendo una profesión, un pasatiempo o un compañero, se sentirá desdichado si no tiene la oportunidad de extender sus alas sociales. ¿Por qué? Aunque usted puede tolerar, e incluso disfrutar, el trabajar solo, tiene mucha más dificultad para mantener su motivación en tareas solitarias y eso le gana. Cuando trabaja en grupo, su enorme "don de gentes" es evidente para todo el mundo, y ellos quieren que lo ponga en práctica. No tenga miedo de usar sus alianzas; las buenas relaciones que usted ha construido implican que los demás están dispuestos a jugársela toda por usted.

En cambio, como oportunista, su perfil está definido por el rasgo dominante, lo cual significa que lo que usted más valora es la sensación de ser competente y de controlar. El aliado generalmente tendrá dificultad para entender por qué el oportunista necesita moverse tan rápido, pero hacer que las cosas sucedan a gran velocidad no sólo le da a usted una sensación de control del proceso, sino que también le permite demostrar cuán rápido se puede hacer algo. Si usted se toma el tiempo para explicar esta motivación a los demás, es mucho más probable que ellos le den el espacio para que sea usted mismo, y con un esfuerzo mínimo habrá avanzado en sentirse comprendido. Tendrá que ser abierto con un aliado y buscar retroalimentación si quiere saber si sus acciones hacen que el otro se sienta contrariado. Él/ella no siempre estará de acuerdo con el énfasis que usted les da a las tareas, y puede incluso llegar a insinuar que sus propios actos no le permiten progresar. Permítale expresar lo que piensa; eso en sí mismo es una muestra de trabajo en equipo. La meta del aliado es ayudarlo dándole un consejo, no derrotarlo. En últimas, usted puede prestarle un poco de atención y seguir siendo fiel a su tipo. Y debe hacerlo, porque su estilo no sólo es "tan bueno" como cualquier otro, sino que es la única manera de llevar su desempeño actual a niveles superiores.

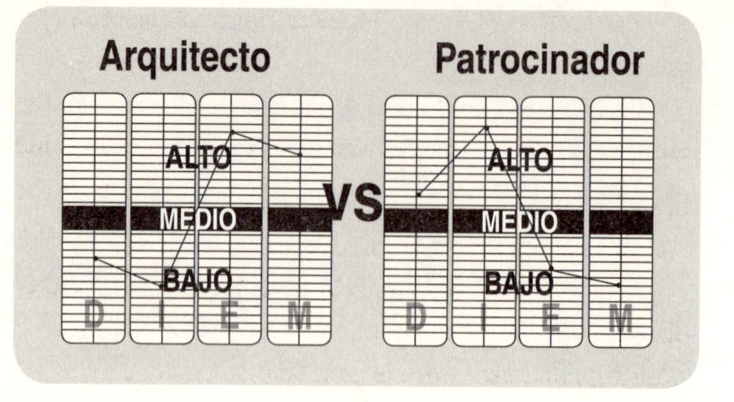

Los choques entre el arquitecto y el patrocinador son comunes y no por el fuerte contraste entre estos dos tipos de personalidad sino porque simplemente hay muchos de ellos. Si 16% de la población pertenece al tipo patrocinador y 13% al tipo arquitecto, casi una tercera parte de la totalidad de los individuos tienen uno de estos dos tipos de personalidad. Y ambos tienen metas muy distintas en la vida. El propósito del arquitecto es hacer las cosas bien –es predominantemente detallista– mientras que el patrocinador es altamente interpersonal y lo motivan mucho más las personas que los logros. El arquitecto es bastante analítico y se centra en tareas. Se siente cómodo en un ambiente estable y estructurado donde las expectativas son claras, hay fechas límite definidas y los planes se siguen. Por el contrario, al patrocinador todo lo que le interesa es la interacción social. Le llama la atención trabajar con otra gente. Se pierde fácilmente en la conversación, pero no se preocupa excesivamente por cumplir con las fechas límite. Para el patrocinador, las fechas límite son una imposición artificial de nuestro tiempo; en la vida lo importante no es qué se logra, sino las conexiones que se hacen en el camino.

Cuando se reúne a estos dos tipos de personas en un mismo equipo, sus necesidades en conflicto tienden a salir a la luz y sufren altibajos según las prioridades que el grupo tenga en el momento. Por ejemplo, cuando un equipo está presionado por una fecha de entrega, la tendencia del patrocinador a perderse en la conversación puede irritar enormemente al arquitecto. Las fechas de entrega hacen que el grupo se tenga que dedicar fuertemente a las tareas, y la tendencia del arquitecto a planear y estructurar se impone. El patrocinador, charlatán y social, puede resultar aislado del resto del grupo por un arquitecto, cuyas tendencias de repente lo convierten en una persona rígida. Pero las cosas cambian durante el tiempo en que no hay tanto trabajo. En ese momento la relación del patrocinador con el resto del grupo es bien recibida y excelente para la motivación. Las tareas rutinarias son menos importantes en las épocas muertas, y la gente disfruta la energía que el patrocinador trae a las reuniones habituales. El arquitecto, por su parte, tiene mucho menos interés en estas cosas. Él/ella necesita tener fechas específicas y expectativas claras para trabajar eficientemente, y por lo tanto empuja al grupo a establecer metas y planear actividades, y los sumerge en un montón de actividades rutinarias. De repente es el alegre patrocinador el que se muestra irritado. El conflicto entre ellos explota y la situación señala quién parece estar "equivocado" por seguir sus tendencias naturales.

La clave para poner juntos al patrocinador y al arquitecto es segmentar su trabajo. No estoy sugiriendo que no trabajen juntos. Simplemente deben entender a quién le corresponde hacer qué trabajo. Aún bajo la fuerte presión de una fecha de entrega, un equipo necesita una concesión social. Si un arquitecto entiende que un patrocinador es la persona que lo puede proporcionar, no debería sentirse tan contrariado cuando el patrocinador actúe por impulso. De igual forma, la planeación es importante para el éxito de un grupo. Cuando los equipos no establecen una metodología de acción, generalmente terminan rascándose la cabeza mirando hacia atrás y preguntándose qué pasó. La tendencia del arquitecto a planear y estructurar es clave para que el patrocinador y el resto del equipo tengan expectativas claras con respecto a su trabajo. Aunque la tendencia permanente del arquitecto a planear es desesperante para el patrocinador, es la que garantiza que las tareas rutinarias –que el patrocinador de otra manera dejaría escapar– se cumplan a tiempo.

Algunas de las combinaciones DISC tipo/antitipo funcionan mejor en una relación jefe/subalterno. Este no es el caso para el arquitecto y el patrocinador, que funcionan mucho mejor como colegas. La principal razón para mantenerlos al mismo nivel es que sus metas son imposibles de conciliar. El jefe perfecto es aquel que entiende sus tendencias e intereses y los separa de las exigencias que establece para su trabajo. Pero ¿qué tan común es esto? En el mundo real, las prioridades que un jefe tiene para su trabajo están matizadas por sus propias motivaciones. En el caso del arquitecto y el patrocinador, sus necesidades son tan opuestas que es fácil que surja un conflicto. El patrocinador desarrolla amistades con tanta facilidad que una de sus mayores fortalezas profesionales está en su red de relaciones. Él/ella construye dicha red buscando oportunidades de socializar con personas de todo tipo. Cuando el jefe de un patrocinador es un arquitecto, este se centra mucho más en las tareas que en las personas. Evalúa el desempeño de sus empleados de acuerdo a su capacidad para planear bien y para completar tareas rutinarias según el cronograma. Estas no son fortalezas de los patrocinadores, quienes tienden a comprometerse con demasiadas cosas y dicen poder completar o terminar tareas que son irreales en vista de lo apretado de su agenda. Si bien esto puede desviar al patrocinador de un desempeño óptimo, el error se magnifica cuando trabaja para un arquitecto. Si usted es patrocinador y trabaja para un arquitecto, el cambio más grande y más realista que usted puede hacer es cumplir con las promesas que le hace a su jefe. El no hacerlo puede erosionar la confianza que él/ella tiene en usted. La otra cara de la moneda –un patrocinador jefe de un arquitecto– presenta problemas un poco más sutiles. Hay menos probabilidad de que el patrocinador se disguste por el deseo del arquitecto de planear y enfocarse en las tareas, pues, en general, esta orientación se considera fundamental en un trabajo, así que es difícil criticarlo. Además, los patrocinadores no tienden a ser rígidos con los demás. Son muy curiosos acerca de lo que mueve a la gente, lo cual los lleva a aceptar más fácilmente la manera como sus empleados "deciden" abordar su trabajo.

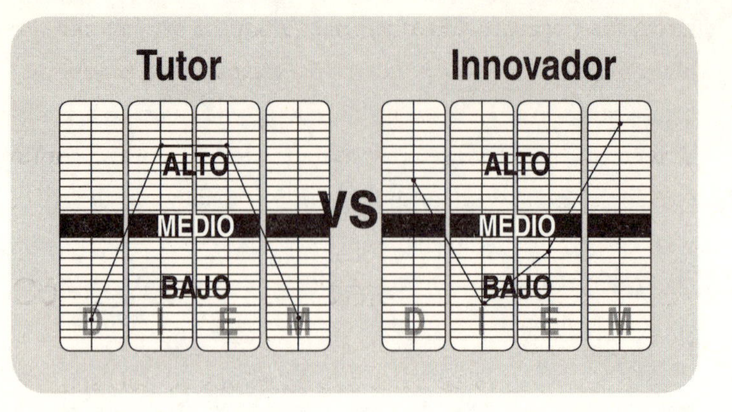

Los perfiles de personalidad del tutor y del innovador no podrían ser más diferentes. Entre estos dos polos opuestos hay una diferencia más aguda que entre cualquier otro par tipo/antitipo. El resultado es una enorme cantidad de conflicto, o paradójicamente, de sinergia. Cuando se comparan las gráficas del tutor y del innovador, es fácil ver la antítesis: una gráfica se ve como lo contrario de la otra. El innovador actúa con rapidez, es abierto al cambio y le gusta tener el control, mientras que el tutor es paciente, descomplicado y necesita estabilidad. Mientras que el tutor toma su energía de la gente y le encanta trabajar en grupo, el innovador está primordialmente interesado en las tareas y necesita pasar gran parte de su tiempo trabajando a solas. El innovador no cree en hacer las cosas bien; cree en hacerlas perfectas. El interés del tutor en los detalles es, a lo sumo, moderado.

El tutor y el innovador son tan únicos que es común verlos operando en diferentes planos. Al igual que las aeronaves que vuelan de noche, puede que no colisionen pero si lo hacen es un desastre. Y la retroalimentación es generalmente el punto donde el tutor y el innovador chocan. La satisfacción más profunda del tutor proviene de ayudarles a los demás a lograr lo mejor de sí. Él/ella dedica su tiempo desinteresadamente para desarrollar las fortalezas de las demás personas y ayudarlas a alcanzar su máximo potencial, pero lo hace sin decirles qué tienen que hacer. El tutor cree que la gente debe escoger su propio camino; su manera de mostrar respeto es rehusarse a dar su opinión. El innovador se centra en las tareas, su energía proviene de actuar con rapidez en respuesta a una tensión creativa. Es el primero en decir lo que piensa y en desafiar el statu quo. El innovador busca constantemente nuevas maneras de ver las cosas y de interpretarlas, y confía en esa exploración como fuente de inspiración. Puesto que el innovador no se centra primordialmente en la gente, para él/ella es fácil decir cosas que, en el mejor de los casos, carecen de tacto y en el peor, no consideran adecuadamente la perspectiva de la otra persona. Este es un punto débil del tutor, una persona generalmente descomplicada. Para él/ella, una retroalimentación tan directa es una fuerte señal de falta de respeto.

Otro combustible que aviva el fuego es la resistencia del tutor a la confrontación. Puesto que se demora en dar retroalimentación o a decir lo que piensa, tiende a rumiar las ofensas hasta que las cosas se ponen mal. Para el momento en que el innovador se entera ya hay resentimientos de por medio. Como sucede con la mayoría de choques de personalidad, la solución para el tutor y el innovador está en la comunicación. Al innovador le duele la crítica pero le importa mejorar. Si el tutor considera que algo de lo que hace el innovador es incómodo, es el momento de expresar lo que piensa y cuanto más pronto, mejor. Si el tutor puede compartir con el innovador *cómo siente* sus acciones y le pide expresamente que haga las cosas de manera diferente, probablemente el innovador tendrá en cuenta su sugerencia. El único cambio que el tutor debe hacer es expresar sus ideas. Su habilidad para ver lo bueno de los demás y hacer sugerencias pero dejándoles tomar sus propias decisiones, evitará que el innovador oponga resistencia cuando sea criticado.

Así como el tutor necesita decir lo que piensa para trabajar efectivamente con su antitipo, el innovador debe demostrar paciencia con la gente y entender que el trabajo en equipo es un componente importante del proceso creativo. El trabajo en equipo (ya sea un paseo en bicicleta en familia, una reunión de padres de familia o una reunión de junta directiva) requiere por naturaleza una gran cantidad de paciencia, empatía y total desinterés en el control. Como innovador, ¿se sentiría mejor viviendo en una cueva? Claro que no. Tan sólo debe reconocer que la mayoría de actividades grupales requieren un poco de energía y esfuerzo adicionales. Es probable que usted no experimente la misma sensación de motivación y control que tiene cuando realiza actividades solitarias, y en realidad tendrá que asegurarse de aportar algo de energía y entusiasmo para contribuir al trabajo del equipo. Trabajar con otras personas puede ser muy distinto de lo que lo motiva y, por lo tanto, para tener éxito, usted tiene que forzarse a abordar la tarea desde otra perspectiva. Si asume que trabajar bien con otras personas es un reto necesario para aprovechar una oportunidad de creatividad, es mucho más probable que usted tenga éxito en un equipo.

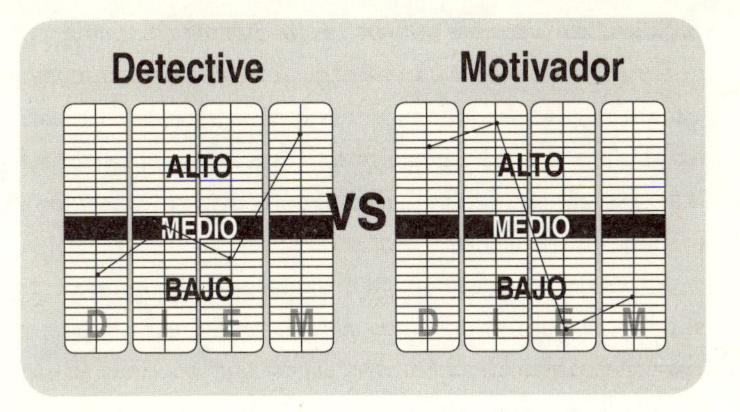

El detective y el motivador chocan por la importancia *relativa* de la información. El detective es conocido por su fuerte dependencia de la lógica y la razón. Se centra en los hechos porque considera que la exactitud es el estándar según el cual deberían se evaluadas *todas* las ideas. ¿Y por qué no habrá de serlo? La habilidad del detective para recolectar datos e información no tiene comparación y le sirve mucho para su carrera. El motivador se conoce como un individuo social y cálido; confía mucho en su don de gentes. ¿Y por qué no habría de hacerlo? Cuando las cosas se ponen difíciles, él/ella se siente motivado por el deseo de producir un resultado satisfactorio para todas las personas involucradas y la gente aprecia su habilidad para satisfacer las diferentes necesidades. Aquí yace el problema: el motivador acata las opiniones del grupo. Cuando un equipo está atravesando una situación difícil y desconoce la mejor manera de avanzar, el motivador tiene la habilidad de seguir la corriente cambiante de la opinión del grupo. Para el motivador, no importa lo que los hechos digan; lo importante es lo que la gente piensa. La posición del detective frente al mismo dilema es la opuesta; él/ella considera que los hechos deben decidir el camino que se debe tomar. A final de cuentas, la gente generalmente se equivoca; y nada oculta más la verdad que un recinto lleno de personas que comparten la misma opinión. Hay mucha gente que tiende a dejarse llevar por este "pensamiento grupal", pero el detective nunca pierde su enfoque en los hechos.

El detective está dispuesto a sacar el tiempo necesario para llegar al fondo de cualquier asunto –sin importar cuán oscuros sean los hechos– y espera que los demás hagan lo mismo. Así como le gusta explorar información, le gusta mantener al margen sus sentimientos; no es propenso a darse a conocer. Esto puede hacer que el detective se mantenga a distancia cuando no se sienta bien con respecto a las opiniones de un motivador. El motivador no es amable con las personas negativas. Le da gran valor a la aceptación que reciba de los demás y, por lo tanto, la resistencia del detective llama de inmediato su atención.

¿Cómo hacen entonces estos dos para zanjar sus diferencias? Lo primero que deben hacer, como sucede con cualquier par tipo/antitipo, es entenderse mutuamente. A diferencia de casi todos los demás perfiles de personalidad cuando entran en conflicto, es improbable que estos dos sean capaces de hablar las cosas. Se sentirán mejor llegando a un acuerdo silencioso. Las habilidades que ambos le aportan a la situación son únicas pero no combinan bien. Ambas sirven para propósitos distintos y su impacto acumulado cubre un terreno bastante amplio en un proyecto. Eso está bien, ya que los dos no tienen que trabajar siempre uno al lado del otro para hacer las cosas. El motivador y el detective están mejor si se respetan mutuamente desde cierta distancia. Pueden aprender a compartir ideas y a colaborar cuando surja la necesidad. Si literalmente no están discutiendo un problema juntos, los dos serán mucho más capaces de entenderse mutuamente e incluso pueden ser objeto de la admiración del otro. Las diferencias entre sus fortalezas esenciales pueden ser fascinantes para cada uno, siempre y cuando se aprecien desde una distancia prudencial.

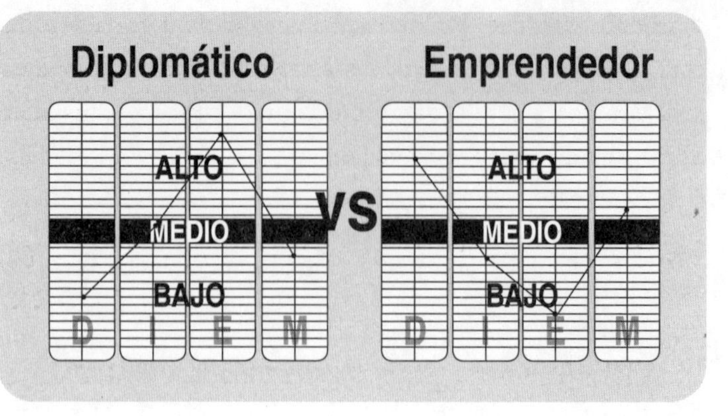

Cuando Maude terminó su pregrado, no tenía demasiado dinero. De hecho, si se tienen en cuenta los préstamos que hizo como estudiante, su saldo en rojo tenía seis cifras. A pesar de tener una excelente gama de ofertas laborales, hizo lo que muchos emprendedores hacen cuando siguen naturalmente la inclinación de su perfil de personalidad: siguió insistiendo. Hizo más préstamos aún e inició su propia empresa, triplicando el monto de su deuda en menos de un año. Para una emprendedora como Maude, traicionar su instinto para iniciar su propio negocio habría significado dejar pasar una oportunidad, y Maude no deja pasar nada, al menos no si puede aportar algo. A diferencia del primer negocio de muchos otros emprendedores, el esfuerzo de Maude tuvo éxito aunque ella no se merezca todos los créditos. Le debe mucho a lo que, en su momento, fue una decisión muy humillante: trabajar con un socio. Si usted estuviera lo suficientemente cerca de Maude, casi que podría sentir la ambición brotando por sus poros. Pero la ambición y el instinto rara vez son suficientes para que un emprendedor sea exitoso. Ya sea que tengan su propia empresa o que trabajen para alguien, nunca pueden hacerlo todo solos. El éxito se logra con la gente. Maude se dio cuenta de que su tendencia a ir más allá fácilmente podría traerle problemas. Entonces hizo algo inusual cuando empezó su negocio: consiguió la ayuda de un diplomático como socio. Para Maude, un diplomático parecía ser la persona que encarnaba todo aquello que ella no era. Los diplomáticos son maravillosos con la gente porque se perciben humildes, cálidos y acogedores. Los diplomáticos se centran en el respeto como fundamento de toda relación y ponen todo su empeño para garantizar que la gente se sienta apreciada. Estas son cualidades esenciales que los empleados esperan encontrar en un líder. Aunque tenía su propia empresa, Maude tuvo que relajarse, observar y aprender de su socio.

Cuando los dos orientaban sus motivaciones en la misma dirección, había mucha sinergia entre ellos. Cuando perdían el foco para lograr lo mejor para la empresa, con frecuencia chocaban. ¿Por qué? Porque sus necesidades eran diferentes. Maude se metió en el negocio con su antitipo, una persona cuyas motivaciones y tendencias posiblemente no podrían estar más lejos de las de ella. Los diplomáticos tienen poca necesidad de dominar y controlar a los demás. Su primera prioridad es la armonía entre la gente; sus excelentes habilidades interpersonales y su predominante cordialidad son muy efectivos para lograrla. Un diplomático con frecuencia es la primera persona de un grupo que pone las necesidades de los demás por encima de las suyas. Cuando los emprendedores y los diplomáticos trabajan juntos, se ajustan entre sí como las piezas de un rompecabezas. Cuando chocan, sus necesidades son tan particulares que se confunden entre sí sin llegar a ningún lado. Puesto que los diplomáticos trabajan para evitar el conflicto, no están prestos a hacer valer sus ideas y compartir lo que hay en su mente. Esto facilita que el emprendedor se haga el de la vista gorda, mientras la irritación silenciosa del diplomático aumenta. Cuando usted entra en conflicto con un diplomático, este casi siempre es silencioso. A pesar de que el diplomático se siente incómodo al verbalizar sus preocupaciones en público, es abierto y sincero con respecto a sus opiniones a nivel individual. Los emprendedores no siempre son los mejores para escuchar, así que si un diplomático le comparte sus preocupaciones, asegúrese de tomar nota y escuchar. Si no le presta atención, tal vez no tenga otra oportunidad de escucharlo.

Para el diplomático, lo más importante es la coherencia y ser sistemáticos. Él/ella trabaja mejor en un ambiente cómodo y estable, mientras que el emprendedor deriva toda su energía del cambio; se siente estancado e incluso extenuado en un ambiente estático. Por eso puede ser tan atrevido y a veces hasta enérgico cuando cree en algo. Le encanta sentir que tiene el control y teme quedarse quieto. Los emprendedores deben entender que la mayoría de la gente necesita más tiempo para acostumbrarse al cambio, especialmente un diplomático. Entonces, ¿qué sucede cuando un emprendedor no es capaz de hacer que la gente actúe tan rápido como él/ella quisiera? Tiende a trabajar con más ahínco, se vuelve aún más enérgico para persuadirlos de que sigan el plan. Esta energía rápidamente espanta a la mayoría de la gente, y –aunque probablemente no lo escuche de su propia boca– a los diplomáticos les parece incómoda esta presión. Recuerde: un diplomático necesita más tiempo para familiarizarse con las nuevas ideas que la mayoría de los otros perfiles. No se lo puede presionar a que haga lo que usted quiere. Los momentos de entusiasmo repentino del emprendedor toman por sorpresa al diplomático. Y a los diplomáticos no les gustan las sorpresas.

Un emprendedor rara vez está profundamente satisfecho con sus logros. Y no se trata de que sea una especie de alma tortuosa; simplemente no le produce ninguna emoción quedarse quieto. Estar completamente feliz con lo que ha hecho haría muy aburrida su vida. Los emprendedores gastan muy poco tiempo disfrutando de sus logros; prefieren pasar al siguiente desafío. Tienen que sumar puntos cada día para sentirse exitosos. Tenga esto presente, pues es probable que encuentre al emprendedor llevando un registro de todo.

Maude no siempre acata el consejo de su socio comercial diplomático, pero siempre que lo necesita encuentra en él/ella una perspectiva objetiva de la situación. Eso le ha ayudado a esquivar algunas catástrofes graves. Puesto que le gusta ir más allá, Maude es el tipo de persona que siempre está pensando qué hay más allá del horizonte, qué hay del otro lado de la verja; quiere comprobar si poner el equipo de sonido de papá a todo volumen de verdad rompe los vidrios. Y no es que utilice artimañas por el prurito de engañar, sino que su energía y sus motivaciones provienen de llevar las cosas a un nuevo estado, generalmente mejor. Es verdad que ese ir más allá puede generar problemas, pero cuando es moderado por la razón de un diplomático se llega al tipo de pensamiento que resuelve problemas insolubles, que mejora la manera de hacer las cosas o simplemente que lleva a las personas a nuevos niveles. A pesar del gran potencial de conflicto, poner a un diplomático y a un emprendedor a trabajar juntos es una gran idea. Si buscan entenderse mutuamente y respetan las motivaciones del otro, sus esfuerzos pueden lograr cosas que ninguno de los dos habría podido hacer solo.

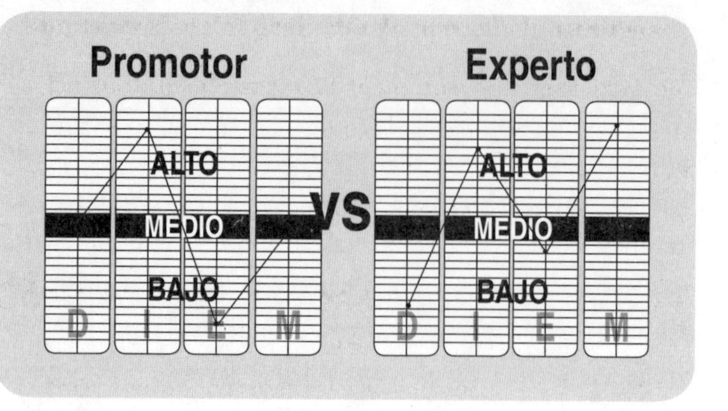

Es poco probable que las diferencias entre un promotor y un experto produzcan conflictos tan graves como los que se han visto en los otros pares de tipo/antitipo. ¿La razón? Estos dos perfiles generalmente son flexibles, extrovertidos, descomplicados y bastante sociales. Además, no tienen una fuerte necesidad de controlar, así que el conflicto parece quedar de lado. Bueno, eso suena como si se tratara de una pareja muy divertida con la cual trabajar. Entonces, ¿dónde está el problema que los hace tipo/antitipo? La respuesta es la confianza. El promotor confía en la gente. Tiene confianza en sus propias habilidades y ve a los demás de la misma manera. El experto, por su parte, es su propio crítico más fuerte. Siempre está buscando mejorar y es duro consigo mismo cuando comete un error. Aunque no siempre lo admite, impone los mismos estándares para las demás personas. Esto hace que la confianza sea un reto para el experto, quien incluso muestra una sombra de duda sólo porque alguien lo irrita. Las personas quieren merecer confianza, especialmente el promotor que no ve ninguna razón para dudar de la gente.

En el trabajo, la confianza es la esencia de la delegación. A nadie le gusta fallar y a todos nos produce temor poner la fe en alguien que sentimos que probablemente no culminará una tarea. El promotor confía tanto en la gente que sabe delegar bien (incluso a veces se le va la mano). Él/ella cree que los demás pueden realizar el trabajo y está dispuesto a darles una oportunidad una y otra vez. Para él/ella, hay una señal clara de falta de respeto cuando un experto no está dispuesto a delegarle tareas a él/ella, pues al experto le genera mucha ansiedad el hecho de comisionar a otros el trabajo. Esto lo hace sentir que está abriendo una puerta al fracaso. No es que el experto dude de los demás más que de sí mismo; simplemente se siente más en control de la situación cuando mantiene la tarea bajo su mando. Seguramente el promotor no reconoce en esto el temor del experto a fracasar, sino, por el contrario, lo ve como una falta de fe en la habilidad de la persona a quien se le ha delegado una tarea.

Pero los promotores también se ven afectados por delegar demasiado. Imagínese la impresión que se lleva un experto al ver a un promotor quemarse por delegar una responsabilidad; simplemente reafirma la seguridad que tiene de hacer él mismo las tareas. Si un experto y un promotor alguna vez tienen un encontronazo por este motivo, seguramente el experto se lo echará en cara. Ocasionalmente, la resistencia del experto a delegar está justificada, pero la imposibilidad de entender las motivaciones de su antitipo no. Desde el punto de vista del promotor, este debería estar listo a escuchar cuando el experto esté dispuesto a ser humilde con el hecho de delegar. A pesar de lo extrovertido y social que pueda ser el promotor, escuchar *realmente* a la gente no es su mayor fortaleza. Y admitir la debilidad tampoco es la mayor fortaleza del experto. Los dos seguirán teniendo un conflicto al respecto, hasta que el experto exprese su propia debilidad para delegar y el promotor esté dispuesto a escuchar.

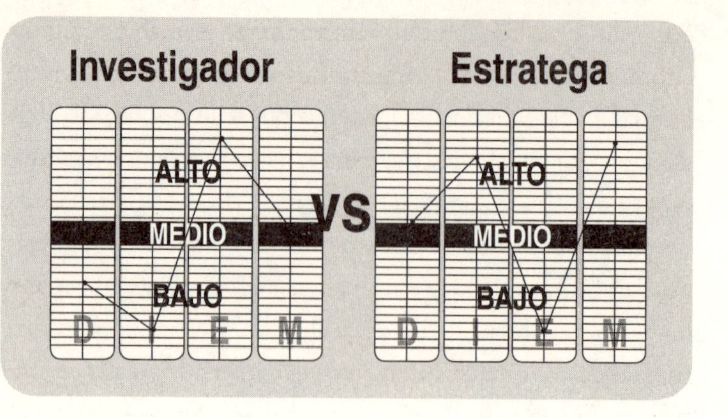

¿Qué se obtiene cuando se pone juntas a dos personas que son firmes en sus creencias y que siempre tienen un plan claro para el futuro? A menos que sus planes concuerden, con seguridad se arma la de Troya. Puesto que al investigador y al estratega los motivan diferentes cosas –y sin embargo siempre tienen un plan para el futuro–, sus opiniones sobre qué camino tomar los siguen enfrentando. El investigador se caracteriza por su confianza plena en la lógica y la razón para resolver los problemas. Se centra mucho más en las tareas que en la gente, y es comprensible que no se conmueva con las manifestaciones emotivas de los demás. Si usted quiere convencer a un investigador de algo, es mejor que le presente datos. El estratega, por su parte, se interesa primordialmente en la gente y utiliza su carisma para ganar adeptos a su manera de pensar. A nadie le gusta hablarle a una pared, y esto es exactamente lo que siente un estratega al hablarle a un investigador. Los argumentos más persuasivos del estratega pasan desapercibidos para el investigador. En la otra cara de la moneda, el investigador no puede entender por qué el estratega no puede presentar los hechos y asume rápidamente que está ocultando algo para luego enfocarse en "algo distinto a la verdad".

Los perfiles centrados en las tareas generalmente chocan con los perfiles centrados en las personas; la solución al conflicto generalmente proviene del deseo de armonía que sienten los perfiles centrados en personas. Pero eso no funciona aquí. El estratega puede centrarse en la gente, pero desdeña rápidamente a quienes no comparten el entusiasmo por sus ideas (por lo general, un investigador que se pregunta cuándo va a llegar a los hechos). Puesto que ambos perfiles son firmes en sus creencias sobre cómo hacer las cosas, los enfrentamientos pueden ser graves.

¿Hay algo que el investigador y el estratega puedan hacer para conciliar? Por supuesto. Todo es cuestión de ritmo. El estratega está tan dispuesto a confiar en su intuición que se impacienta cuando los demás no hacen lo mismo. Pero el investigador no va a cambiar de opinión. Los investigadores no toman decisiones con rapidez, y el estratega debe entender que el investigador necesita tiempo para reunir datos y hechos antes de sentirse cómodo para expresar su opinión. Cuando dos personas tienen problemas para mantenerse sincronizadas, necesitan comunicarse constantemente. Puesto que el estratega es el que normalmente presiona para que las cosas avancen, debe detenerse y consultar con el investigador cada vez que se sienta impaciente. Asegúrense de que los dos están hablando de lo mismo. El investigador no dudará en comunicarle la esencia de lo que está pensando; así que tome en serio lo que le dice.

Si usted cree que las emociones no se pueden medir, observe cuán rápido la gente se deja convencer de las ideas de un estratega. Es convincente porque habla directamente de lo que es importante para la gente. El estratega también es muy bueno para planear con anticipación. Es tan bueno en eso que la gente deposita gran confianza en lo que piensa. Así que lo mejor es prestar atención a lo que pasa por su mente. Si usted no está seguro de considerar sus sugerencias, asegúrese de que se trata de una falacia lógica y no de su propia resistencia al cambio. El estratega acoge abiertamente el cambio y un investigador puede aprender mucho de ello. Por último, dese cuenta de que el estratega usa las emociones para influir sobre las personas, y ello distrae la atención de una cualidad importante que él/ella comparte con el investigador –tal vez más que con cualquier otro tipo–: al estratega y al investigador les gusta poner los puntos sobres las íes. Cuando las cosas se ponen muy mal, el estratega no sólo se preocupa por hacer todo correctamente sino que puede convencer al grupo de escuchar las razones del investigador. Al igual que este último, el estratega es un pensador inteligente y lógico; cuando tienen ideas en común para apoyar un plan, hacen un equipo formidable.

Epílogo: Cómo avanzar

NUNCA TUVE LA OPORTUNIDAD DE CONOCER a William Marston, creador del modelo DISC, quien murió en 1947 antes de que yo naciera. Pero hace unos años tuve la suerte de cruzarme con alguien que sí lo hizo. Conocí a Dorothy en San Diego en un taller de certificación en inteligencia emocional que llevaba a cabo mi compañía. Era una mujer en la cúspide de su carrera, que trabajaba como consultora independiente para empresas que necesitaban ayuda con el diseño y la ejecución de programas de capacitación para sus empleados. Cuando llegamos a la discusión sobre el autoconocimiento, ella compartió su experiencia de haber conocido a William Marston y lo citaba como una fuerte influencia en su carrera profesional en el área de capacitación. Dorothy era apenas una adolescente cuando lo conoció. En esa época, trabajaba como enfermera voluntaria en un hospital local donde Marston pasó sus últimos días, en el piso que ella cuidaba. En esa época, las revistas de historietas eran una forma novedosa y muy popular de entretenimiento entre la gente de su edad, y Marston era una figura conocida por haber creado el personaje de la Mujer Maravilla. Marston concibió a esta superheroína como un modelo que encarnaba el rol de empoderamiento de las mujeres jóvenes, presentado a través de un medio que las adolescentes leían con seguridad: las revistas de historietas. A medida que Marston reflexionaba sobre su vida, la conversación entre ellos pasó de los libros de historietas a la personalidad y él le explicó a Dorothy su modelo DISC. Marston sólo tenía un remordimiento en su lecho de enfermo, confesión que Dorothy ha guardado hasta la fecha. Le confesó que la fama que le había dado su trabajo con la Mujer Maravilla lo había alejado de un estudio más profundo de la personalidad. Sabía que había mucho por hacer en este campo y añoraba ver cómo evolucionaría. Su único pesar al morir fue no poder ver lo que sucedería después.

Me alegraría creer que este libro contribuye en alguna medida en el propósito de seguir aclarando los misterios inherentes a nuestro código de personalidad. Marston vivió en una época en la que la mente todavía era un enigma y sin embargo vio cosas que nadie más pudo ver. Hoy tenemos la oportunidad sin precedentes de entender cómo funciona la mente, incluso el fundamento físico del pensamiento en el interior del cerebro. La neurociencia moderna confirma lo que Marston señaló hace más de siete décadas: nuestras fortalezas, motivaciones y tendencias son dictadas por un elemento fijo de nuestro carácter: la personalidad. Para el momento en que somos adultos, la personalidad está impresa en el cerebro. Funciona como el conducto por el cual nuestra mente actúa, el canal mental a través del cual deben fluir nuestras decisiones. El modelo DISC de Marston ha resistido la evaluación experimental y ha ido más allá de los cuatro rasgos de carácter hasta llegar a revelar 14 tipos únicos de personas. En el estudio TalentSmart, fuimos testigos de que entender el tipo de personalidad genera éxito. La gente que tiene esta marca única de autoconocimiento tiene una claridad destacable acerca de sus capacidades y habilidades; ellos saben qué situaciones y qué personas los pueden ayudar a ser exitosos.

La "sabiduría" popular solía pregonar que podemos convertirnos en las personas que queremos ser. Hoy sabemos que eso no es tan cierto. El éxito proviene de saber quién es uno y de utilizar las fortalezas naturales propias para lograr los objetivos. En últimas, avanzamos guiados por las respuestas inherentes a nuestro código de personalidad. El doctor Marston no lo querría de otra manera.

Anexo A: En el interior del IDISC

La siguiente sección de preguntas y respuestas fue preparada por el equipo de TalentSmart *conformado por Tania Goodwin-Maslach, Alexandria Herrera, Jean H. Riley, Nicholas Tasler y Lac D. Su.*

LAS PRUEBAS PSICOLÓGICAS generalmente están cubiertas por un halo de misterio, pero no tiene que ser así. Los principios mediante los cuales operan son lo suficientemente claros y directos como para ser entendidos por cualquier persona que desee explorarlos. Este es el objetivo primordial de esta sección: ayudar al lector a entender cómo funciona el IDISC y cómo la prueba mide la personalidad humana.

¿Qué es el IDISC?

El IDISC es una prueba que mide de manera rápida y precisa su perfil de personalidad. Personalidad es un término casi siempre mal entendido que se utiliza para describir las preferencias y tendencias de las personas para interactuar con el mundo que las rodea. Al igual que la tendencia a la introversión o la extroversión, estos rasgos influyen en la manera como pensamos, como sentimos y, en últimas, como actuamos. Cada uno de nosotros tiene un perfil que refleja una combinación única de rasgos de personalidad y que se produce mediante rutas definidas de pensamiento en el cerebro. Para el momento en que somos adultos, estas rutas están fijas. Sirven de conductos a través de los cuales nuestro cerebro piensa; son los canales mentales a través de los cuales deben fluir nuestras decisiones. La personalidad es el conjunto de motivaciones, necesidades y preferencias que sirve de marco a las fortalezas y debilidades de cada individuo; es su "código", por así decirlo.

Durante los últimos dos mil años, el estudio del comportamiento humano ha señalado cuatro dimensiones de personalidad en el individuo. La presencia variable de estas cuatro dimensiones en cada uno de nosotros crea un perfil único de personalidad. En el siglo pasado, la estandarización y el rigor científico de la psicología proporcionaron nombres, definiciones y mediciones exactas para estas dimensiones. Las cuatro dimensiones que mide el IDISC son: dominante, interpersonal, estable y meticuloso. El IDISC propone un seguimiento con recomendaciones fáciles de entender que se particularizan para ajustarse al perfil único del usuario. Aunque los cálculos que se hacen para producir los puntajes del IDISC son bastante complicados, la retroalimentación que proporciona la prueba es en general fácil de entender. En lugar de darle una serie de números confusos que no tienen un referente concreto, el IDISC proporciona retroalimentación en términos comprensibles y conocidos. Los resultados de la prueba revelan el grado en que usted posee cada uno de los cuatro rasgos de personalidad DISC, lo mismo que su tipo general de personalidad, es decir, una combinación de estos cuatro rasgos únicos. Existen catorce tipos de personalidad y el IDISC revela cuál de ellos se ajusta más a usted.

Con la compra de este libro, el lector tiene la posibilidad de tomar la prueba IDISC una sola vez mediante un código único impreso en la parte interior de la solapa del libro. Su código para la prueba sólo se puede usar una vez, pero sus resultados no expiran. Usted puede consultar de nuevo el sitio **www.personalitycode.com/spanish** en cualquier momento para acceder al sistema, utilizar el aprendizaje electrónico interactivo, fijar metas en el sistema registro de metas, y aprender sobre los planes dinámicos de acción que se incluyen en su informe de retroalimentación. Si lo prefiere, la prueba está disponible por separado en TalentSmart.com. El tiempo promedio para tomar la prueba en línea del IDISC es aproximadamente 15 minutos.

¿En qué teoría de la personalidad se basa el IDISC?

A William Moulton Marston, Ph.D. (1893 – 1947) se le atribuye la creación del modelo DISC, que presentó por primera vez en 1928 en su libro *Emotions of Normal People (Emociones de la gente normal)*, en el cual describía el comportamiento de los seres humanos en dos ejes básicos. El primer eje representa la manera como los individuos responden a su entorno, es decir, si son activos o reactivos. El segundo eje, originalmente llamado "antagonista y favorable", representa la percepción que las personas tienen de su entorno. Ahora el eje tiene un nombre más apropiado: "orientado a las tareas y orientado a las personas". Al cruzarlos en ángulo recto, los dos ejes forman cuatro cuadrantes que explican los cuatro patrones de comportamiento.

- **Dominante:** describe a los activos y están orientados a las tareas; son asertivos y prefieren el poder y el control.
- **Interpersonal:** (inducción o influencia) describe a las personas activas y orientadas a la gente, que disfrutan los contextos sociales y confían en sus habilidades comunicativas.
- **Estable:** describe a los individuos que son reactivos y orientados a las tareas; son personas detallistas, pacientes y persistentes.
- **Meticuloso:** (cumplimiento o cuidado) representa a los individuos que son reactivos y orientados a la gente; buscan la organización y la estructura.

Marston originalmente quería entender cómo las emociones humanas normales llevan a los individuos a reaccionar ante su entorno. Desarrolló el modelo DISC para ayudar a los individuos a comprender mejor no sólo su comportamiento, sino el comportamiento de los demás. Desde entonces, el modelo DISC ha evolucionado continuamente hasta convertirse en una herramienta que mide la intensidad de los cuatro factores y muestra cómo ellos interactúan entre sí, permitiéndole a un individuo identificar su perfil de personalidad.

¿Por qué el perfil de personalidad IDISC de TalentSmart está basado en el modelo de William Marston y no en otro?

En primer lugar, el modelo de personalidad de Marston es el más antiguo y más ampliamente utilizado. Las dimensiones de comportamiento DISC de Marston han resistido más de setenta años de análisis, evaluación y modificación.

En segundo lugar, hemos encontrado que el modelo DISC de Marston es el modelo de personalidad más intuitivo. La gente lo encuentra fácil de entender y usar y seguramente eso explica su longevidad. Tercero, al contemplar otros métodos predominantes para medir la personalidad, hemos descubierto que la investigación que respalda su validez es limitada, cuestionable o no científica.

¿El perfil de personalidad IDISC de TalentSmart es idéntico al modelo DISC original de Marston?

Los 14 perfiles de personalidad IDISC son el resultado de una década de investigación que produjo una interpretación moderna del modelo DISC de Marston. El modelo original de Marston nunca fue más allá de las cuatro facetas de nuestro carácter. El IDISC tiene en cuenta estos cuatro componentes, además de la combinación de los mismos en cualquier individuo, para definir un tipo de personalidad, de los cuales hay 14 posibilidades.

¿Por qué hay catorce tipos de personalidad?

Cada uno de los 14 tipos de personalidad IDISC es una combinación única de los cuatro rasgos DISC (dominante, interpersonal, estable y meticuloso). A través de una serie extensa de análisis estadísticos, pudimos estudiar y condensar las 123 000 posibles configuraciones de personalidad en 14 tipos únicos. Cada uno de estos 14 tipos son estadísticamente distintos entre sí, pues no se cruzan de manera significativa con ningún otro tipo, y representan las 14 clases de personas que se pueden diferenciar claramente con base en sus personalidades fijas.

¿Qué tan predominantes son los catorce tipos de personalidad IDISC?

Los siguientes porcentajes representan la predominancia de cada tipo en la población general:

El aliado – 5% de la población
El arquitecto – 13% de la población
El detective – 9% de la población
El diplomático – 9% de la población
El emprendedor – 7% de la población
El estratega – 1% de la población
El experto – 6% de la población
El innovador – 3% de la población
El investigador – 4% de la población
El motivador – 13% de la población
El oportunista – 2% de la población
El patrocinador – 16% de la población
El promotor – 3% de la población
El tutor - 9% de la población

¿Es posible tener más de un tipo de personalidad?

Se considera que los rasgos de personalidad son estables y duraderos en términos generales durante el transcurso de la vida adulta de una persona. Para propósitos prácticos, podemos estar seguros de que la personalidad típica de un individuo no cambiará lo suficiente como para que se observen diferencias notorias en el transcurso de su vida. Por ejemplo, mediante una práctica diligente una persona puede aprender a prestarle más atención a un rasgo específico: prestarle atención a los detalles, por ejemplo. De esta manera, un esfuerzo consciente para prestarle más atención a los detalles durante varios años puede contribuir a mejorar su rasgo meticuloso (uno de los cuatro rasgos de personalidad). Sin embargo, aumentar conscientemente ese rasgo no convierte al individuo en una persona *naturalmente* "orientada a los detalles". Simplemente aumenta la frecuencia con que ese individuo escoge concientemente mostrar una de las muchas facetas del comportamiento que se combinan para formar la dimensión meticulosa de la personalidad. La personalidad no cambia lo suficiente como para marcar una diferencia.

¿Por qué debo conocer el perfil de mi personalidad si no lo puedo cambiar?

El estudio TalentSmart muestra que el autoconocimiento es la clave para el éxito personal y profesional. Conocer su perfil de personalidad es la tarea más sencilla en la que usted se puede embarcar para aumentar su autoconocimiento. Su perfil revela la esencia de sus motivaciones, tendencias y preferencias. Cada día, sea usted consciente de ello o no, su personalidad determina sus acciones de muchas maneras. Cuando usted descubre su perfil, también abre una ventana hacia la gente, las situaciones y las tareas que le ayudarán a obtener de la vida lo que usted quiere. Usted puede usar este conocimiento para eliminar obstáculos en su camino y acelerar su éxito.

¿Puedo aprender a detectar el perfil de personalidad de alguien sin que haga la prueba?

Totalmente. No es muy fácil identificar el perfil específico que alguien tiene, pero es bastante posible. Una vez que usted haya invertido un tiempo en conocer el modelo DISC (más o menos el tiempo que le ha tomado leer este libro y estudiar su perfil en Internet), descubrirá que es muy fácil identificar si la gente que usted conoce tiene una tendencia predominante a ser dominante, interpersonal, estable o meticuloso. Los 14 tipos de personalidad se pueden agrupar en estas dimensiones.

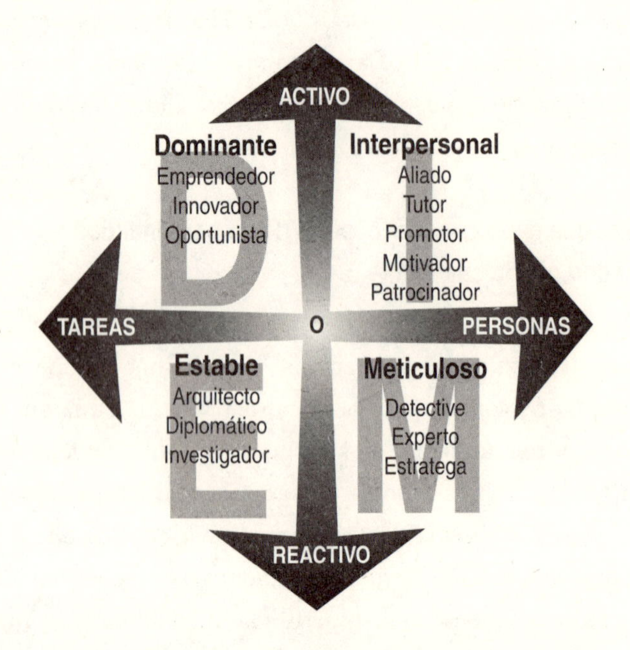

Los catorce tipos IDISC según su tendencia predominante a ser dominante, interpersonal, estable o meticuloso. Si usted recuerda que cada uno de los tipos tiende a favorecer uno de los cuatro rasgos DISC, es fácil ver cómo se agrupan e igualmente fácil entender a las personas con base en la cualidad predominante de su personalidad.

¿Para quién se diseñó el IDISC?

El IDISC es un punto de partida distinto a la prueba psicológica típica porque está diseñado para el individuo que busca conocer más su personalidad. Los resultados de la prueba vienen en un formato sencillo que se puede descargar e imprimir fácilmente. Los resultados son tan fáciles de entender que cualquier persona puede usar el IDISC sin necesitar la interpretación o la ayuda de un psicólogo o tutor. El IDISC no requiere título profesional, credenciales o certificaciones previas. Es muy común que las pruebas de personalidad requieran dicho bagaje o conocimiento para entender la complicada retroalimentación que suministran. El formato amigable del IDISC garantiza que cualquier persona lo pueda usar para su propio beneficio.

¿El IDISC ha sido diseñado para ser utilizado en el contexto laboral o familiar?

La personalidad es un conjunto estable de tendencias, fortalezas, motivaciones y preferencias que va con nosotros a todas partes. Por lo tanto, se puede usar el IDISC en cualquier escenario; el puntaje no cambiará. El perfil de personalidad es tan predominante y estable que se puede pensar en todos los aspectos de la vida al responder las preguntas. Sus resultados serán los mismos y le servirán para aplicarlos en cualquier contexto. Sin embargo, tenga cuidado al responder las preguntas; debe responder de acuerdo a lo que usted *realmente* es, más que a lo que quiere ser. Sea sincero con el IDISC y él será franco con usted. A la mayoría de las personas esto no les cuesta mucho trabajo; simplemente responda las preguntas de acuerdo a lo que usted tiende a decir o hacer a diario.

¿Se debería usar el IDISC para selección de personal?

La compañía TalentSmart no promociona, recomienda ni apoya el uso del IDISC para efectos de contratación o selección de personal. Ninguna prueba que no haya sido validada en el interior de su organización debería ser usada para contratación o selección. El IDISC es una herramienta de capacitación y desarrollo que debería ser usada para aumentar el nivel de conciencia que los individuos tienen de su comportamiento. Si usted utiliza la prueba para propósitos de selección, puede exponer a su compañía a demandas ante la EEOC (*Equal Employment Opportunity Comision*) [Comisión pro igualdad de oportunidades laborales] por su impacto negativo o efecto potencialmente discriminatorio sobre los candidatos. Con esto no se pretende dar una asesoría legal y el autor sugiere buscar la asesoría de un profesional legal calificado.

¿La información que ingreso está segura?

Sí. Todas las respuestas al IDISC son almacenadas en un servidor remoto seguro y sus puntajes se mantienen en estricta confidencialidad. El servidor tiene a su disponibilidad una amplitud de banda que garantiza que cientos de miles de personas puedan acceder al sistema al mismo tiempo sin que se reduzca la velocidad de la aplicación o la calidad de su funcionamiento. Puesto que su información está protegida con una contraseña, usted es la única persona que puede tener acceso a los puntajes de su prueba, a los comentarios que ha guardado o a los objetivos que se ha fijado en el sistema de seguimiento de metas.

¿Mi perfil de personalidad IDISC tiene una fecha de vencimiento?

La contraseña gratuita que usted recibe al comprar este libro no tiene fecha de vencimiento y usted la puede usar en cualquier momento. Una vez que usted toma la prueba IDISC, tendrá acceso inmediato a sus resultados y a un aprendizaje electrónico, y puede verlos de nuevo en línea cuando lo desee. Usted puede ver su informe de retroalimentación personalizada en línea o lo puede descargar en formato PDF para guardarlo en su computador. Esta facilidad le da la libertad de usar el reporte según su conveniencia. Si usted hace la prueba complementaria que le ofrece este libro, simplemente regrese a **www.personalitycode.com/spanish**, ingrese su dirección electrónica y su contraseña, y haga clic en "Log In" para ver su reporte. Si ha olvidado su nombre de usuario y su contraseña, el código único que está impreso en el interior de la solapa de este libro también le permitirá tener acceso a sus resultados después de que haya tomado la prueba.

¿Por qué se incluye el aprendizaje electrónico?

El aprendizaje electrónico *(e-learning)* se añadió a la retroalimentación IDISC porque los autores sintieron que simplemente entregar un perfil no era suficiente información para ayudar realmente a alguien a entender su personalidad y a potenciar sus fortalezas. El propósito del aprendizaje electrónico es llevar la experiencia más allá de simplemente hacer una prueba, y más bien convertirla en una experiencia de aprendizaje interactivo. El IDISC en línea tabula sus puntajes automáticamente y relaciona sus resultados con actividades en línea que ilustran su personalidad en acción. Este aprendizaje electrónico se personaliza para cada individuo y le permite trabajar a su propio ritmo. Usted también puede imprimir el informe, guardarlo en su computador, e incluso compartirlo con amigos, colegas y familiares si lo desea.

El sistema de registro de metas le permite fijar objetivos con base en su perfil de personalidad y compartir esos objetivos –y su perfil– con otras personas. Este proceso mejorará su capacidad de potenciar su personalidad y así lograr resultados positivos. Esto se puede lograr escogiendo algunas de las metas que le ofrece el sistema o fijando sus metas particulares, e indicando con quién las quiere compartir. Si usted quiere recibir notas recordatorias electrónicas para llevar un registro de su progreso y actualizar las metas que se ha fijado, el sistema se las proporcionará automáticamente. El reporte IDISC le proporciona información sobre las fortalezas, desafíos, características distintivas de su personalidad, cómo sacar el mejor provecho de su perfil, y sugerencias sobre cómo los demás pueden trabajar con usted. El informe le da recomendaciones prácticas para potenciar su perfil y planes de acción para ayudarlo a poner en práctica sus talentos únicos y sus fortalezas.

¿Cuál es el propósito de los videoclips?

El aprendizaje electrónico que se incluye en la retroalimentación del IDISC incorpora videoclips cortos que ilustran cada uno de los tipos de personalidad en acción. Son una herramienta para mantenerlo comprometido con lo que está aprendiendo, e ilustran aspectos clave de su perfil de personalidad. Le ayudan a descubrir e interpretar los matices de la personalidad en las acciones de los demás, y también le permiten aumentar el conocimiento que usted tiene de sí mismo.

¿Cómo se diseñó el IDISC?

La prueba fue diseñada y desarrollada por un equipo de investigadores con un alto nivel de formación académica en la ciencia del comportamiento. Se hizo un banco de ítems para la prueba que fueron analizados, modificados o eliminados en un proceso iterativo para garantizar que cada uno de ellos captara uno de los cuatro componentes del modelo DISC de Marston. Durante el transcurso del estudio TalentSmart, se acumuló un banco muy grande de 346 preguntas para la prueba que medían la personalidad y los rasgos de comportamiento relacionados con ella. En la versión final de la prueba sólo se utilizaron las afirmaciones *necesarias* y *suficientes* para medir la esencia del modelo DISC. El término *necesario* se refiere a todas las preguntas que se requerían para garantizar que se estaba representando adecuadamente cada componente del modelo DISC. El término *suficiente* hace referencia a la eliminación de ítems innecesarios que de otra manera producirían redundancia. En otras palabras, no se añadió a la prueba ninguna pregunta extra, ni se omitió ningún ítem que fuera necesario. Expertos en estadística supervisaron cada paso del proceso; las técnicas específicas utilizadas se describen en detalle más adelante en este anexo.

Las pruebas de validez garantizan que las personas que hagan la prueba perciban las preguntas (también conocidas como "ítems") como representaciones intuitivas y directas del modelo DISC de Martson. El IDISC usa un enfoque positivo, el cual busca que los adjetivos que se usan para describir a la persona que toma la prueba sean percibidos por ella como pertenecientes al "mismo nivel". Esto garantiza que cualquier pregunta tenga la misma probabilidad de ser escogida por cualquier usuario, dado que la connotación relativa positiva o negativa de los ítems es igual. Esto naturalmente reduce la tendencia a evitar ítems que harían que la persona que responde tuviera una imagen negativa, y aumenta la confiabilidad y validez de la prueba. El banco de ítems que satisfacen estos criterios pasó por un proceso estadísticamente iterativo, con el propósito de eliminar aquellos que no contribuían a la validez del componente del modelo DISC que se estaba midiendo. La longitud resultante de la prueba representa el número de cuartetos de afirmación (grupos de cuatro adjetivos de los cuales el participante debe escoger uno) necesario y suficiente para captar la esencia de su perfil de personalidad IDISC.

¿Cómo se estandarizó el IDISC?

Las muestras normativas son estándares descriptivos contra los cuales los individuos pueden comparar su propio desempeño y el de otras personas. En otras palabras, un puntaje en una prueba de autoevaluación dice muy poco. El valor o el significado de un puntaje se deriva de con qué se compara –o en qué se basa– y se obtiene de los parámetros de los posibles puntajes obtenibles. EL IDISC compara las respuestas de cada individuo contra una gran base de datos normativa de más de cien mil respuestas, para garantizar una comparación objetiva de su personalidad. La muestra normativa incluyó hombres y mujeres de todo el mundo, entre las edades de dieciocho y ochenta años o un poco más, que trabajan en prácticamente cualquier campo y desempeñan cualquier función. Estas respuestas fueron tomadas de hablantes nativos del inglés en los seis continentes.

¿El IDISC reduce posibles sesgos a favor de quien toma la prueba?

Hasta cierto punto, todos queremos vernos bien e inflar nuestros puntajes. El sesgo a favor es la tendencia a aumentar el puntaje individual de quien toma la prueba adjudicándose el mérito por el éxito (sesgo enaltecedor) y negando la responsabilidad que se tiene en el fracaso (sesgo protector). Aunque es casi imposible eliminar completamente ese sesgo en una prueba de autoevaluación, el asunto es menos relevante para el IDISC que para la mayoría de las autoevaluaciones puesto que mide su tendencia a exhibir comportamientos únicos sin preferir uno por encima de otro. El IDISC emplea métodos de encuesta patentados que compensan el efecto de la parcialidad cuando esta ocurre. Usted puede engañar conscientemente la prueba escogiendo al azar respuestas que no aplican a su caso, pero eso sólo lo puede hacer intencionalmente. De lo contrario, la prueba califica unos puntajes para dar una medida exacta de su perfil de personalidad.

¿Por qué el IDISC usa los 112 adjetivos contenidos en las preguntas y no otros? ¿Por qué están dichos adjetivos agrupados en 28 grupos de cuatro?

Los 112 adjetivos que hay en la prueba están diseñados para eliminar sesgos comunes en la percepción que un individuo tiene de sí mismo. Los adjetivos tienen un peso neutral para evitar que las personas tiendan a preferir uno de estos descriptores por encima de otro. Esto garantiza que las personas respondan con sinceridad sobre lo que tienden a decir o hacer en lugar de lo que desean fuera una descripción de su comportamiento. Para saber más sobre cómo la lista de adjetivos que se usan en la prueba se redujo a una lista final manejable y estadísticamente válida, remítase a la pregunta "¿El IDISC es científicamente válido?" de la página 169. Los adjetivos están agrupados en 28 grupos de 4 para crear una selección forzada en la que usted debe escoger el adjetivo que *mejor* describe su comportamiento y el adjetivo que *menos* describe su comportamiento. Cada uno de los adjetivos corresponde a un aspecto del modelo DISC y se le presentan al azar al usuario de la prueba. La persona que completa el IDISC sin darse cuenta esboza la naturaleza de su personalidad a través de los ítems que escoge o rechaza. La siguiente tabla contiene los 112 adjetivos empleados en el IDISC.

Los 112 adjetivos que describen los rasgos de personalidad IDISC

Activo
Agradable
Alegre
Amable
Ambicioso
Analítico
Animoso
Animado
Apasionado
Asequible
Asertivo
Astuto
Atento
Atrayente
Atrevido
Audaz
Aventurero
Buena persona
Cálido
Cándido
Carismático
Cautivador
Centrado
Competitivo
Complaciente
Comprensivo
Comunicativo
Confiable
Conformista
Conservador
Considerado
Consistente
Contento
Conversador
Cooperador
Cordial
Confiable
Cuidadoso
Decidido
Despreocupado
Detallista
Dinámico
Disciplinado
Discreto
Diplomático
Divertido
Dominante
Eficaz
Elogioso
Elocuente
Entusiasmado
Entusiasta
Equilibrado
Estable
Estructurado
Exclusivo
Exigente
Extrovertido
Fidedigno
Fiel
Firme
Flexible
Fresco
Fuerte
Generoso
Gentil
Gracioso
Grato
Honrado
Hospitalario
Humilde
Independiente
Indulgente
Informal
Imparcial
Impetuoso
Influyente
Ingenioso
Innovador
Insistente
Inspirador
Instintivo
Intrépido
Intuitivo
Jovial
Justo
Mesurado

Meticuloso
Minucioso
Observador
Optimista
Paciente
Perceptivo
Peculiar
Persistente
Persuasivo
Positivo
Prudente
Racional
Rebelde
Reservado
Respetuoso
Responsable
Seguro
Sereno
Serio
Simpático
Sociable
Sosegado
Tradicional
Tranquilo
Vivaz

¿El IDISC es científicamente válido?

La solidez psicométrica del IDISC está respaldada con años de investigación y evaluación empírica que se invirtieron en su desarrollo. La confiabilidad y validez de la prueba se monitorean constantemente a medida que se acumulan nuevos datos para garantizar que la prueba siga siendo una medición exacta de su perfil de personalidad. ¿Cómo se sabe que una prueba es buena para medir el concepto que pretende medir? En primer lugar, es crucial que cualquier prueba siga el diseño y los estándares de validación fijados por la Asociación Norteamericana de Psicología. El IDISC supera estos estándares.

Confiabilidad es el término que se utiliza para describir la tendencia de los grupos de ítems a medir, de manera sistemática y coherente, un constructo asociado. Es decir, una evaluación confiable mide un concepto consistentemente pero eso no significa que esté midiendo lo que se supone debe medir. Por ejemplo, aunque existen muchas pruebas confiables, relativamente pocas predicen resultados importantes para la vida. Cada uno de los cuatro componentes del modelo DISC dentro de la evaluación IDISC genera un puntaje de confiabilidad, el cual se mide usando la prueba de confiabilidad estadística Alfa de Cronbach. La escala Alfa de Cronbach va de 0 a 1. Los valores para los cuatro puntajes de confiabilidad de los componentes del IDISC oscilan entre 0,76 y 0,80, rango que se considera un fuerte indicador de que la prueba es confiable. El nivel estándar de confiabilidad aceptable para la prueba estadística Alfa de Cronbach es 0,70 a 0,95. Los valores inferiores a 0,70 sugieren que la confiabilidad interna es inapropiada o que las preguntas no son las adecuadas. Los valores por encima de 0,95 sugieren que los ítems realmente no son únicos. Por ejemplo, si en la prueba escribo la pregunta "¿Es usted inteligente?" seguida de la pregunta "¿Es usted listo?" la confiabilidad de estas preguntas juntas seguramente sería inferior a 0,95, porque están midiendo lo mismo. La siguiente tabla muestra los coeficientes de confiabilidad del IDISC.

Factores IDISC	Coeficientes de confiabilidad
Dominante	0,79
Interpersonal	0,80
Estable	0,76
Meticuloso	0,76

Para determinar la capacidad que tiene una prueba de medir resultados reales, se recurre a la validez psicométrica. Una medida válida es aquella que capta el concepto que pretende medir. Para que sea válida, una evaluación debe ser considerada confiable, pero una evaluación confiable no es necesariamente válida. Hay muchas maneras de medir la validez, entre ellas la comparación con unos criterios que sean de interés, como, por ejemplo, el desempeño laboral. Puesto que ninguno de los perfiles de personalidad IDISC es mejor que otro, no hay una relación directa entre la prueba y el desempeño laboral. Es verdad que ciertos perfiles aportarán elementos específicos a ciertos trabajos (por ejemplo el motivador como vendedor), pero estas relaciones no son suficientemente amplias como para inferir conclusiones significativas. Para el modelo DISC, la medida esencial de la validez de una prueba es el grado en que el modelo se representa de manera precisa mediante correlaciones interescala. En el modelo DISC, las dimensiones dominante y estable aparecen sistemáticamente como opuestos cercanos, como sucede con las dimensiones interpersonal y meticuloso. La estadística que se usa para este análisis es el coeficiente de correlación, una medida que indica la solidez y la dirección de la relación lineal entre dos variables. Si ese número es positivo, las variables tienen una relación positiva, es decir, ambas suben y bajan. Si el coeficiente de correlación es negativo, sucede lo contrario. El coeficiente de correlación, al igual que el de confiabilidad Alfa de Cronbach, se mide en una escala de 0 a 1. El método más común para calcular una correlación es el producto-momento de Pearson. El coeficiente de correlación producto-momento de Pearson se calcula dividiendo la covarianza de las dos variables por sus desviaciones estándar. Cuanto más alto sea el valor del coeficiente de correlación, más fuerte es la relación entre las dos variables y menor es la probabilidad de que sean independientes. Como es de esperar, en el IDISC estas dimensiones se correlacionan negativamente o son opuestos cercanos. La siguiente tabla muestra las correlaciones interescala de las cuatro dimensiones del IDISC.

Coeficientes de confiabilidad y correlaciones interescala entre puntajes Más y Menos								
	D - Más	I - Más	E - Más	M - Más	D-Menos	I-Menos	E-Menos	M-Menos
D - Más	**.68**							
I - Más	-0,13	**0,76**						
E - Más	-0,62	-0,34	**0,66**					
M - Más	-0,16	-0,72	0,03	**0,71**				
D - Menos	-0,69	-0,0.5	0,57	0,17	**0,73**			
I - Menos	0,06	-0,69	0,18	0,61	-0,09	**0,71**		
E - Menos	0,61	0,14	-0,66	-0,09	-0,67	-0,20	**0,69**	
M- Menos	0,17	0,61	-0,19	-0,69	-0,34	-0,61	0,06	**0,68**

Los coeficientes de confiabilidad se muestran en negrilla a lo largo de la diagonal en la tabla. Las correlaciones interescala aparecen debajo de la diagonal.

¿Cómo puede ser el IDISC exacto con tan sólo 28 preguntas?

Contrario a lo que se cree, una prueba de perfiles no requiere grandes cantidades de preguntas para medir con exactitud la personalidad. Las pruebas psicológicas simplemente no necesitan gran longitud para ser confiables y válidas. A decir verdad, es más difícil crear una prueba corta que conserve las características de validez y confiabilidad, pero esa es la razón por la cual TalentSmart pasa años desarrollando una nueva evaluación antes de publicarla. La tradición de pruebas extensas en forma de cuestionarios generalmente tiene más que ver con el sentimiento de los sujetos de que han sido evaluados con precisión que con la validez del cuestionario. Es más común encontrar un test demasiado largo que uno demasiado corto, ya que muchos de los ítems no le agregan nada al poder de la evaluación. Un excelente ejemplo de una buena evaluación –una que sea corta pero científicamente válida– es el BDI (sigla en inglés de *Beck Depression Inventory*) [Inventario de depresión de beck]. El BDI es la herramienta más confiable que existe en el momento para medir la depresión; la usan médicos de todo el mundo. El BDI mide la depresión (un solo constructo) con tan sólo 13 preguntas. El IDISC funciona de manera similar para medir las cuatro dimensiones de la personalidad con 28 preguntas.

Anexo B: El estudio **TalentSmart** tras bambalinas

Los números son poderosos. Para que no se nos olvide, con frecuencia recibimos cartas y mensajes electrónicos de personas cuyas vidas han sido alteradas por las cifras de nuestra investigación. Una carta que siempre estará cerca de nuestro corazón nos llegó a comienzos de este año desde una correccional para mujeres ubicada en Oregon. El personal de la cárcel creó y puso en marcha un programa de capacitación en autoconocimiento para las internas, inspirado en nuestro primer libro *Las claves de la inteligencia emocional*, y recibimos una carta de una de las internas que comenzaba diciendo: "Si yo hubiera sabido antes lo que su libro me enseñó, hoy no estaría encerrada en estas cuatro paredes". Nuestro trabajo es descubrir qué cualidades impulsan a la gente exitosa –tanto individual como colectivamente– de manera que cualquier persona pueda usar esas habilidades en beneficio propio. Los números pueden ser poderosos pero sólo cuentan la mitad de la historia. En últimas, sólo son tan poderosos como las vidas que afectan.

Nuestra travesía comenzó a mediados de la década de 1990, cuando nos enfrentamos a la pregunta "¿Existe una cualidad que cualquier persona puede usar en beneficio propio para ser más exitosa en la vida?". El estudio TalentSmart es una búsqueda continua de la respuesta a esa pregunta. En el Capítulo 2 usted conoció la respuesta relativamente corta: el autoconocimiento. Ahora conocerá el proceso que nos llevó a "tropezarnos" con esta respuesta.

Paso 1. Evaluación de la persona en su totalidad

Los pensamientos, las acciones y las palabras de los seres humanos son el producto de tres capacidades mentales únicas: inteligencia (coeficiente intelectual o CI), inteligencia emocional (coeficiente emocional o CE) y personalidad. Aunque no podemos predecir una con base en la otra, podemos medirlas colectivamente en cualquier individuo. La inteligencia es la menos flexible de las tres. A menos que se presente un evento traumático como un daño cerebral, el coeficiente intelectual (CI) se fija desde muy temprana edad. Inteligencia no es lo que un individuo sabe sino la habilidad que tiene para asimilar hechos e información. El CI se mide en comparación con otras personas; la mayoría de los individuos son casi idénticos a la edad de 15 como lo son a la edad de 50. La inteligencia es –por obvias razones– importante para el éxito. Los científicos empezaron a medir el CI a comienzos del siglo XX y se dieron cuenta de que era una manera eficiente de separar a las personas con desempeño superior de aquellas con desempeño inferior. Pero pronto observaron que el CI carecía de algo importante. Muchas personas eran increíblemente inteligentes pero limitadas en su habilidad para manejar su comportamiento y llevarse bien con los demás. También vieron que había personas exitosas en la vida a pesar de tener una inteligencia promedio. El estudio del CI ha continuado durante décadas pero ha recolectado muy poca nueva información significativa que beneficie el estudio de la excelencia personal. Los individuos son tan inteligentes como lo pueden ser a una edad muy temprana y medir su inteligencia les sirve muy poco para mejorar. Puesto que el CI capta solamente una pequeña porción de la totalidad de la inteligencia de una persona, el estudio TalentSmart no lo contempló.

Las capacidades mentales que según los investigadores desempeñan un papel importante más allá del CI son la inteligencia emocional (CE) y la personalidad. Las habilidades de inteligencia emocional son "habilidades blandas", es decir, son flexibles y susceptibles de ser aprendidas. Aunque es verdad que algunas personas son de manera natural más inteligentes emocionalmente que otras, se puede desarrollar un CE alto aún si no se ha nacido con él. El descubrimiento del CE les permitió a los investigadores de todo el mundo darle un nuevo nombre a la habilidad que explica por qué dos personas con la misma inteligencia pueden alcanzar niveles completamente distintos de éxito en la vida. La inteligencia emocional saca provecho de un elemento fundamental del comportamiento humano que es independiente del intelecto. No hay ninguna conexión conocida entre CI y el CE; no se puede simplemente predecir la inteligencia emocional con base en cuán inteligente es una persona. Inteligencia emocional es la habilidad para reconocer y entender las emociones y la capacidad para usar este conocimiento en el manejo de usted mismo y de sus relaciones con los demás.

Hay una descripción corta que queremos compartir con usted para facilitar las cosas: "La inteligencia emocional describe ese aspecto de la vida que las personas tradicional-

Evaluación de la persona en su totalidad

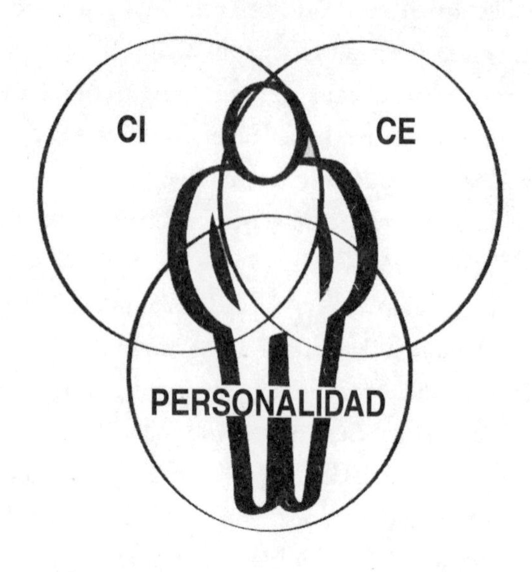

La inteligencia (CI), la personalidad y la inteligencia emocional (CE) son cualidades distintivas que todos poseemos. Juntas, ellas determinan la manera como pensamos y actuamos; es imposible predecir una con base en la otra. De las tres, la inteligencia emocional es la única cualidad que es flexible y modificable.

mente inteligentes no pueden describir". Medimos el CE usado una prueba de 28 preguntas llamada *Test de evaluación de inteligencia emocional.* Esta prueba mide lo que a grandes rasgos se consideran las cuatro habilidades predominantes de inteligencia emocional en las áreas de competencia personal y competencia social: conciencia de sí mismo, autocontrol, conciencia social y manejo de las relaciones. Describimos estas habilidades como "blandas" porque pueden cambiar fácilmente en el transcurso de la vida. Uno puede aumentar o disminuir su CE con esfuerzo. El CE tiende a crecer o a disminuir en respuesta a las circunstancias cambiantes que nos presenta la vida.

Las cuatro habilidades blandas de la inteligencia emocional (CE)

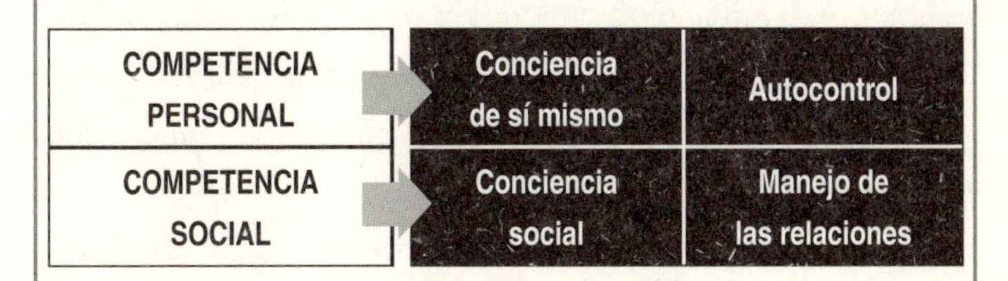

Conciencia de sí mismo: habilidad para percibir exactamente las emociones propias en el momento en que afloran y entender las tendencias personales en diferentes situaciones. Tener conciencia de mí mismo implica mantenerme por encima de mi reacción típica ante eventos específicos, desafíos e incluso personas. Un alto grado de conciencia de mí mismo requiere una disposición a tolerar la incomodidad de saber cuáles son mis debilidades, además de mis fortalezas.

Autocontrol: habilidad para usar el conocimiento de las emociones propias para mantenerse flexible y orientar positivamente el comportamiento. Esto significa controlar las reacciones emocionales frente a situaciones y personas.

Conciencia social: habilidad para identificar exactamente las emociones en otras personas y entender lo que realmente pasa con ellas. Esto casi siempre significa percibir lo que otras personas están pensando y sintiendo aún si usted no se siente de la misma manera.

Manejo de las relaciones: habilidad para usar el conocimiento que se tiene de las emociones propias y de los demás para manejar con éxito las interacciones. Esta habilidad garantiza una comunicación clara y un manejo efectivo del conflicto.

Muchos teóricos consideran valioso descomponer las habilidades blandas en componentes adicionales que van más allá de las cuatro habilidades de inteligencia emocional. Por esta razón, exploramos cientos de artículos sobre habilidades blandas y encontramos 22 habilidades adicionales a la inteligencia emocional (ver el recuadro titulado "Las 'otras' habilidades blandas del estudios TalentSmart" en las páginas 181 y 182). Diseñamos 127 preguntas adicionales para medir estas 22 habilidades, junto con las 28 preguntas sobre inteligencia emocional. En consecuencia, toda la batería de habilidades blandas del estudio TalentSmart contiene 155 preguntas. Dichas preguntas se escribieron en forma de *afirmaciones de impacto en el comportamiento*, un método patentado para diseñar evaluaciones cortas y muy exactas. El método de impacto en el comportamiento permite que la evaluación mida un rango más amplio de habilidades en un período de tiempo más corto, aumentando así la precisión de las respuestas del sujeto al no utilizar respuestas que son *correctas* o *incorrectas* y manteniendo la atención de los sujetos mientras responden la prueba. Por ejemplo, la competencia titulada "Comunicación" no se mide en términos del método de comunicación específico que un gerente pueda usar en su lugar de trabajo. Por el contrario, lo que se evalúa es el impacto de la habilidad que tiene el gerente para comunicarse midiendo las reacciones de sus colegas ante sus actos comunicativos.

Los autores usan un proceso iterativo de escritura y revisión de preguntas para ajustarlas a lo que es *necesario* y *suficiente* (ni más ni menos elementos) para evaluar esa competencia. Este modelo patentado de escribir esquemas preliminares de las preguntas de la encuesta, elimina todo aquello que es innecesario pues excluye muchas preguntas específicas que miden una habilidad particular. Por el contrario, la prueba mide el resultado en términos de comportamiento con preguntas suficientes para evaluar adecuadamente una habilidad particular. Las preguntas de la encuesta que se usan en la evaluación describen aspectos esenciales de cada una de las 26 habilidades mediante el comportamiento típico del individuo que está siendo evaluado. La frecuencia con que un individuo demuestra comportamientos relacionados con una habilidad es la mejor medición de esa habilidad. Por lo tanto, las preguntas se estructuran usando una escala de seis puntos que permite reducir la frecuencia con la cual los individuos demuestran el comportamiento específico en cuestión. He aquí una muestra del tipo de pregunta de la prueba:

¿Con qué frecuencia confía usted en sus habilidades?

Escoja la opción que mejor se ajuste a su caso.

__ Nunca
__ Rara vez
__ Algunas veces
__ Generalmente
__ Casi siempre
__ Siempre

Las "otras" habilidades blandas del estudio TalentSmart

Osadía: Habilidad para maniobrar en situaciones difíciles que implican correr un riesgo; estar al frente de las propias acciones durante el tiempo necesario para verlas concluidas.

Planificación: Capacidad para anticipar eventos venideros con el propósito de establecer metas apropiadas y llevar a cabo tareas.

Visión: Las personas que tienen inspiración pueden llevar a los demás a nuevas direcciones. Esto requiere la habilidad de visionar una nueva realidad que los demás puedan ver y quieran perseguir.

Coraje: Mantenerse fuerte ante la adversidad.

Decisión: Capacidad para tomar decisiones razonables que tengan en cuenta múltiples opciones buscando los aportes de los demás cuando sea necesario, y a las cuales se llega en un tiempo razonable.

Comunicación: El acto de expresar información de manera clara a los demás tanto en forma oral como escrita.

Perspicacia: Curiosidad activa sobre el mundo que nos rodea y que se traduce en un esfuerzo por aprender.

Motivación: Habilidad para estimular e influir a quienes nos rodean.

Curiosidad: Habilidad para descubrir qué información es verdaderamente relevante para tomar una buena decisión.

Enfoque en los resultados: Habilidad para mantener "los ojos puestos en la recompensa". Centrarse en el resultado final y hacer lo que sea necesario para alcanzarlo.

Participación: Una vez que se ha tomado una decisión, la participación es el acto de compartir con aquellos a quienes dicha decisión afecta.

Práctica: Habilidad para entrenar los instintos propios en una toma de decisiones. Se trata de la capacidad de usar las propias reglas una y otra vez hasta convertirlas en un hábito.

Preocupación por los demás: El acto de interesarse genuinamente por el bienestar de los demás y de expresar dicha preocupación a nivel personal.

Trabajo en equipo: Habilidad para poner las necesidades del grupo por encima de las propias; ser suficientemente humilde como para compartir el éxito con el grupo.

Flexibilidad: Habilidad de adaptarse permanentemente al entorno. Capacidad de responder rápidamente ante la incertidumbre y el cambio.

Compromiso: Compartir la información que otros necesitan para su desempeño. Dar un paso adicional para mostrar a los demás que son importantes.

Empoderamiento: Dar poder a las personas involucrándolas directamente en actividades y respetando sus aportes y perspectiva.

Autorregulación: Habilidad para diseñar un sistema que guíe los propios instintos. Capacidad para evitar cometer errores predecibles al emitir juicios.

Integridad: Capacidad de combinar la ética y los valores al actuar. Los individuos que poseen esta cualidad actúan a partir de un conjunto de creencias que merecen la admiración y el apoyo de los demás.

Credibilidad: Quienes hacen lo que dicen son personas con las cuales se puede contar y de las cuales se puede esperar lo que prometen.

Valoración de las diferencias: Capacidad para valorar las diferentes perspectivas que las personas tienen frente a una situación.

Crecimiento personal: El acto de tratar constantemente de aprender sobre sí mismo para crecer y convertirse en la mejor persona que se pueda ser.

Una vez excluido el CI con base en los hallazgos de investigaciones previas y habiendo medido 26 habilidades blandas mediante 155 preguntas, la personalidad era la última pieza del rompecabezas. Personalidad es el "estilo" estable que define a cada ser humano y que se ha descrito en detalle en este libro. La personalidad no es comparable con las habilidades blandas puesto que es inflexible; está compuesta por rasgos estables que captan la esencia del carácter. No se puede predecir la personalidad de un individuo con base en su CI o su CE. Además, la personalidad no se puede usar para predecir el desempeño laboral y la satisfacción en la vida; hemos visto niveles altos y bajos de estas variables asociados con cada tipo de personalidad. En otras palabras, su tipo de personalidad dice muy poco con respecto a lo que usted puede lograr o a su felicidad. Lo importante es entender a cabalidad su tipo particular de personalidad porque la clave del éxito es el autoconocimiento. En lo que resta de este anexo, consideraremos la relación entre las 26 habilidades blandas del estudio TalentSmart, el desempeño laboral y la satisfacción en la vida.

Paso 2. Recolección de datos

Las bases de datos del estudio TalentSmart contienen respuestas que representan a 500 000 participantes con quienes se trabajó durante más de una década. Nuestro objetivo era recolectar una muestra tan diversa como fuera posible, de manera que pudiéramos hacer interpretaciones que representaran verdades comunes a todos los tipos de personas. Aproximadamente el 82% de la muestra respondió nuestras pruebas vía Internet y el 28% lo hicieron a mano. Las pruebas en papel se corrigieron mecánicamente y se transfirieron a la base de datos. Los participantes en el estudio pertenecían a tres grupos:

1. Participantes reclutados para tomar las pruebas mediante publicidad por Internet y referencias verbales.
2. Clientes particulares de las pruebas de TalentSmart que participaron en el estudio para su desarrollo profesional y personal.
3. Empleados de compañías que habían contratado nuestros servicios para evaluación de su personal a nivel de departamento o de toda la compañía.

Paso 3. Análisis de resultados

Antes de comparar los puntajes de las escalas de evaluación con los resultados, se hicieron análisis estadísticos para confirmar la validez de la estructura subyacente a las evaluaciones. El objetivo aquí era determinar si el diseño de los instrumentos –la manera como se agruparon los ítems– era confirmado por los datos que recolectamos. El primer paso al evaluar los ítems de una encuesta tiene que ver con el concepto de "validez aparente". Esta se refiere a si las preguntas de la prueba parecen ser una representación válida del concepto, de suerte que los observadores y los examinados acepten los resultados. Una vez las preguntas cumplieron con los criterios de validez aparente, fueron presentadas de manera "fría" a otros expertos en la materia para confirmación adicional. Entre los expertos que participaron en el estudio TalentSmart se incluyeron psicólogos con nivel de maestría y doctorado, lo mismo que expertos en administración de negocios con título de maestría y con experiencia a nivel ejecutivo.

Datos demográficos del estudio TalentSmart	
Continentes	**Los seis continentes habitados**
Países	**133 países** América del Norte, América Central y el Caribe: 27; Suramérica: 13; Europa: 39; África: 20; Asia: 31; Australia: 3
Género	**51% hombres; 49% mujeres**
Edad	**18 - 93 años**
Ocupación	**15 áreas** Ventas, mercadeo, finanzas, contabilidad, operaciones, servicio al cliente, recursos humanos, desarrollo organizacional, aprendizaje, TI/SI, ingeniería, desarrollo de negocios, manufactura/producción, investigación y desarrollo y desempleados
Título del cargo	**7 clasificaciones** Colaborador, supervisor, gerente, director, ejecutivo, ejecutivo sénior, vicepresidente y presidente.

El siguiente paso fue garantizar la confiabilidad de las evaluaciones. Confiabilidad es el término que se utiliza para describir la tendencia de los grupos de ítems a medir de manera sistemática un constructo asociado. Cada una de las 26 habilidades evaluadas en el estudio TalentSmart genera un puntaje único de confiabilidad que se mide usando el método de c[illegible]bilidad estadística Alfa de Cronbach. Los coeficientes Al[illegible] Cronbach oscilan entre 0 y 1. Los puntajes de confiabi[illegible] de las 26 competencias estuvieron entre 0,67 y 0,95, lo c[illegible]onsidera un fuerte indicador de confiabilidad de las evalu[illegible]s usadas en el estudio. En la tabla de la página 187 está la lista de los coeficientes de confiabilidad que se midieron para cada una de las 26 competencias.

Coeficientes de confiabilidad Alfa de Cronbach para la evaluación de competencias en el estudio TalentSmart

Competencia	Número de ítems	Coeficiente Alfa
Conciencia de sí mismo	6	0,92
Autocontrol	9	0,84
Conciencia social	5	0,79
Manejo de las relaciones	8	0,87
Osadía	5	0,94
Planificación	4	0,93
Visión	4	0,90
Coraje	4	0,92
Decisión	5	0,94
Comunicación	5	0,93
Perspicacia	4	0,88
Motivación	6	0,90
Curiosidad	8	0,80
Enfoque en resultados	12	0,93
Participación	3	0,94
Práctica	10	0,67
Preocupación por los demás	3	0,92
Trabajo en equipo	16	0,81
Flexibilidad	5	0,92
Compromiso	4	0,92
Empoderamiento	4	0,95
Autorregulación	6	0,67
Integridad	5	0,95
Credibilidad	4	0,93
Valoración de las diferencias	4	0,92
Crecimiento personal	4	0,92

El último paso crucial fue comparar los puntajes de evaluación con resultados importantes en la vida. Al relacionar cada una de las 26 habilidades blandas con el desempeño laboral, la satisfacción en el trabajo y la satisfacción con la vida, pudimos evaluar la creciente contribución de cada habilidad en estos aspectos y la importancia de la relación entre cada habilidad y cada resultado. La contribución relativa de cada una de las 26 habilidades blandas revela cuán importante (o no importante) es cada una de ellas para obtener los resultados deseados en la vida. El siguiente diagrama ilustra la conexión entre una variable de predicción (una habilidad blanda como el autoconocimiento) y las variables de resultado (en este caso, la satisfacción con la vida y el desempeño laboral). Los círculos superpuestos indican una fuerte conexión entre estas tres variables, similar a la que existe entre el autoconocimiento, la satisfacción en la vida y el desempeño laboral.

Relación entre el autoconocimiento, el desempeño laboral y la satisfacción con la vida

Hicimos comparaciones similares para las 26 habilidades blandas que se midieron en el estudio TalentSmart. Para ello se utilizó la técnica estadística de la regresión múltiple. El cálculo de la regresión múltiple produce un coeficiente de correlación o R–cuadrado, que es un número entre cero y uno. Un valor cercano a cero indica la incapacidad de la variable en cuestión para explicar el resultado observado. Por ejemplo, los valores R-cuadrado de las 26 habilidades blandas fueron de todo tipo. Algunas habilidades produjeron valores R-cuadrado muy altos, señalando una fuerte influencia en la satisfacción en la vida, la satisfacción en el trabajo y el desempeño laboral. Otras habilidades tuvieron valores R–cuadrado cercanos a cero, lo que indicaba que esa habilidad en particular no tenía una influencia significativa en la satisfacción con el trabajo, la vida y el desempeño laboral. Al comparar los valores R-cuadrado generados por cada una de las 26 competencias contempladas en el estudio, pudimos descubrir la varianza única producida por estas habilidades y determinar cuál de las habilidades era la más importante para el éxito. Se utilizaron coeficientes Beta estandarizados para evaluar la importancia de la relación entre cada habilidad blanda y el desempeño laboral, la satisfacción con el trabajo y la satisfacción con la vida. El poder predictivo relativo de las 26 habilidades blandas se evaluó convirtiendo estos coeficientes en puntajes Z. Esto nos permitió organizar un sistema de clasificación en el que se considera la influencia relativa de las 26 habilidades blandas en el desempeño laboral y la satisfacción con el trabajo y la vida colectivamente. Algunas de las habilidades tenían muy poca conexión con estos resultados –es decir, tenían muy poca influencia en ellos– mientras que otras tenían una influencia desde moderada hasta fuerte. El autoconocimiento o la conciencia de sí mismo tuvo una fuerte influencia en estos aspectos y se clasificó como la primera entre las 26; resultó ser la habilidad más determinante. Este hallazgo es importante dado que descubrir su perfil de personalidad es el camino más directo a mejorar su autoconocimiento. A continuación se presenta una clasificación completa de las 26 competencias o habilidades blandas con base en su influencia relativa en estos aspectos. Aquellas habilidades que no tuvieron una influencia significativa en los resultados aparecen en el área sombreada, en la parte inferior de la tabla.

HABILIDAD BLANDA	CLASIFICACIÓN
Conciencia de sí mismo	1
Manejo de las relaciones	2
Coraje	3
Autocontrol	4
Comunicación	5
Planificación	6
Perspicacia	7
Visión	8
Osadía	9
Práctica	10
Flexibilidad	11
Valoración de las diferencias	12
Curiosidad	13
Decisión	14
Trabajo en equipo	15
Enfoque en resultados	16
Motivación	17
Crecimiento personal	18
Conciencia Social	19
Integridad	20
Autorregulación	21
Credibilidad	22
Participación	23
Preocupación por los demás	24
Compromiso	25
Empoderamiento	26

Agradecimientos

El conjunto de investigaciones que sustentan este libro es el resultado del esfuerzo denodado del brillante y dedicado equipo de científicos del comportamiento de TalentSmart. Estoy sumamente agradecido por la oportunidad de escribir sobre los hallazgos de dichas investigaciones, lo cual no habría sido posible sin su tiempo, energía y dedicación incansable. Ellos hacen que todo este esfuerzo haya valido la pena. Específicamente, me gustaría hacer un reconocimiento al liderazgo y dedicación de Lac Su, Jean Riley, Tania Goodwin-Maslach, Alexandria Herrera y Nick Tasler. En nombre de todo el equipo de TalentSmart, doy un agradecimiento especial a Yufan Chen, extraordinario programador, y a su talentoso equipo de codificadores, ingenieros de red y diseñadores. No habríamos podido avanzar un solo milímetro sin su trabajo nocturno. También quiero agradecer a Jean Greaves por ser un maravilloso socio, mentor y amigo. Estamos profundamente agradecidos con las personas que participaron en nuestra investigación y nos permitieron observar su vida durante la última década; admiramos su disposición a compartir su vida en nombre del aprendizaje y el descubrimiento científico.

A Michele Tarlo y todo el equipo de CruxCreative.com, lo único que puedo decirles es "¡Extraordinario!". No podría estar más satisfecho con las ilustraciones del libro y con el sitio Web. Ustedes han excedido mis más altas expectativas con su conocimiento y dominio en la creación de una imagen fabulosa y en sinergia con cada aspecto del concepto –de principio a fin– y con sus entregas *siempre* oportunas.

Un agradecimiento muy sentido a John Duff de Putnam por apoyar este proyecto y por su trabajo esmerado y perspicaz como director editorial. Nuestro trabajo juntos en la producción de este libro es una prueba fehaciente de que un empresario y un diplomático pueden alinear sus esfuerzos con sinergia y armonía. Gracias también a la editora asistente Jeanette Shaw, a Summer Smith y al equipo de publicidad, a Amy C. King por el diseño de la solapa, a Nicole LaRoche por la diagramación, a Leda Scheintaub por la corrección de estilo, y a todo el equipo de Putnam que le dio vida a este libro.

Estoy agradecido por haber recibido retroalimentación invaluable que ayudó a mejorar las primeras versiones de este manuscrito, de la prueba de personalidad IDISC y del contenido explorado en cada uno de ellos, retroalimentación que recibí de las siguientes personas: Paul Brooks, Matt y Kelly Baier, Josh Feder, Kirsti y Mel Senac, Sommer Kerhli, Michael Schmidt, Michele Tarlo, Bruce Evans, Jeff Cohen, Tracey Gunner, Elise Freemont, Stacy Ramírez, Lac Su, Tanya Goodwin-Maslach, Nick y Alison Tasler, Jean Riley, Alexandria Herrera, Jean Greaves, Cathy Hemming, Julia Serebrinsky, George Grant, Monica Saare, Leslie Wilson, Shira Oretzky, Jenny Tsoulos, Scott Harris, Isabel Peraza, Humberto Peraza Jr., Les Brown, Bob Maslach y Angelica Barragán. Como escritor, se es tan bueno como lo que se escribe. Y para mejorar las palabras se necesitan personas que se tomen el tiempo de leer y prestar atención al trabajo que se hace. En mi corta carrera, he tenido la oportunidad de recibir este apoyo de las siguientes personas, a quienes agradezco su tiempo y dedicación a mi trabajo: Su Santidad el Dalai Lama, Ken Blanchard, Stephen Covey, Patrick Lencioni, Lois Frankel, Matt Olmstead, Capitán Michael D. Abrashoff, Joseph Grenny, Jim Loehr, Brian Tracy, el doctor Beverly Kaye y Marshall Goldsmith.

Un agradecimiento muy grande a mi agente Steve Hanselman y al equipo de LevelFiveMedia por apoyar este libro desde su comienzo y por trabajar tan arduamente para pulir la idea y encontrar el editor adecuado. Agradezco sinceramente la disposición de Steve para trabajar conmigo de manera tan estrecha y compartir todas las riquezas de su experiencia en convertir buenas ideas en libros maravillosos. Es una verdadera dicha trabajar con la agencia, cosa que es una rareza en el campo editorial hoy.

Una nota final de aprecio a mi maravillosa esposa por apoyar mi insaciable deseo de escribir. Un horario de trabajo regular, mucha cafeína y un montón de ideas disparatadas son las herramientas de una negociación que requiere una buena dosis de empatía genuina para tolerar, y, por supuesto, de cariño por la persona involucrada. De alguna manera tú lo logras y te estoy profundamente agradecido por ello. Te amo.